財務省に学ぶ
情報弱者から金を騙しとる方法

元国税調査官
大村大次郎

ビジネス社

はじめに

本書は、財務省がいかに巧妙に「国民から金を取っているか」を紹介するものです。

現在の日本は、世界でも稀に見るほどの「高い税金の国」です。

特に中間層以下の税負担は、世界一と言っていいほど高いものがあります。国民の大半は、この中間層以下に入ります。なぜこの中間層以下の人たちの税負担が大きくなっているか、というと財務省にうまい具合に騙されているからです。

昨今「情報弱者」という言葉が注目されています。情報弱者というのは、その名のとおり情報力の弱い人たちのことです。財務省は、まさにこの「情報弱者」を狙い撃ちにして、税金を徴収しているわけです。

詳しくは本文で述べますが、日本の消費税というのは、「宝石にもトイレットペーパーにも同じ税率を課す」という、世界でも稀な「雑な税金」です。こういう悪税を導入すれば、中間層以下の国民の生活が苦しくなるのは当たり前なのです。それなのに財務省は言葉巧みに喧伝し、「消費税は日本に必要な税金」「消費税は公平な税金」と多くの国民に信じ込ませたのです。

また財務省は「税金」や「増税」という言葉を使わずに、「拠出金」などの名目で実質的な増税を繰り返してきました。

さらに財務省は、税金の徴収については厳しく実行しても、国民が税金を払い過ぎたときの税金還付はなかなかしようとしません。税金還付に関する情報はなかなか流さないので、多くの国民が税金を払い過ぎの状態になっています。

たとえば年金生活者の中には、税金を払い過ぎになっている人がかなりたくさんいます。それは年金から余計な税金が源泉徴収されているのに、確定申告をしていないからです。このことについても、財務省は一切広報していません。むしろ年金生活者には「確定申告はしなくていいですよ」とアナウンスしています。

こういうことが多々あるのです。

だから本書は自分が情報弱者にならないようにするには、どうすればいいかという対応策を示唆する内容にもなっています。その一方で、財務省がいかに情報を操っているかを学ぶことで、それをビジネスに生かすということもできると思われます。

もちろん財務省の悪事を暴こうという趣旨もあります。

第1章 財務省という〝悪の組織〟

第2章 増税をステルス化する

第3章 情報弱者を洗脳する方法

第4章 「消費税」は財務省の悪知恵の結晶

第5章 自分の手を汚さずに困窮者を殺す

第6章 税務署員の騙しの手口

第7章 情報弱者にならないために

第1章

財務省という“悪の組織”

現代の税金は年貢より高いが少子化対策には使われず

財務省の発表によると、2024年度の日本人の税、社会保険料負担は48・4%となっています。

しかも日本にはNHK受信料など、税には含まれないけれど実質的に税金となっているものが多々あります。それらを加味すると、現在の日本人の税、社会保険料負担率は50%を超えるといえるでしょう。

江戸時代の農民の年貢は、実質的に4公6民だったと言われています。だから、現代日本は、実に江戸時代の農民よりもかなり税負担が大きいのです。

これだけの税金を徴収していても、それなりに国のためになっていれば国民としても納得できます。

しかし、今の日本は税を取るだけ取って、まったく国のためには使われていないのです。

昨今、日本では「少子高齢化対策のため」と称して税金や社会保険料があげられてきましたが、少子高齢化のために使われている税金はわずかなものなのです。

左の表のように、日本はヨーロッパ主要国に比べて、家庭への財政支出が非常に少ないのです。実は１９７０年代までは欧米諸国のほうが日本よりも少子高齢化が進んでいました。しかし欧米諸国は、さまざまな対策を講じることによって少子高齢化を食い止めてきました。日本は、莫大な税金を徴収していながら、少子高齢化対策をまったく行っていなかったのです。

家族関係社会支出の国際比較（GDP比）

日本	1.29%
ドイツ	2.28%
フランス	2.96%
スウェーデン	3.54%
イギリス	3.57%

出典：国立社会保障・人口問題研究所「社会費用統計」2016年版
※家族関係社会支出とは児童手当や就学前児童への給付、各種社会保障、社会福祉などへの支出のこと

わずかな予算で解決できたはずの待機児童問題は20年以上も解決せず、大学の授業料はこの30年で、40倍に激増しています。しかも日本の社会インフラはボロボロで、先進国とは言えないレベルなのです（詳細は後述）。

また日本の税収の柱となっている消費税は、「ダイヤモンドにもトイ

レットペーパーにも同じ税率」という、世界にも稀な「雑な税金」となっています。世界には、間接税がたくさんありますが、日本の消費税のように低所得者にまったく配慮のない税金は、ほかに例を見ないのです。消費税は世界最悪の税金といえるのです。日本では、この世界最悪の消費税の税率がガンガン上げられているのです。

その一方、大企業や富裕層の税金は、この30年間で減税につぐ減税がされており、バブル期に比べれば4割減となっているのです。消費税は社会福祉の財源などと喧伝されてきましたが、実際には大企業や富裕層の減税に充てられていたのです。

絵にかいたような「悪政」なのです。

これでは「格差社会」や「少子高齢化」となって当たり前であり、「わざと招いた」としか言いようがない、失政なのです。

その悪政を主導してきたのが、財務省なのです。

逆に言えば、これだけの悪政を、よく国民に文句を言われずにやってこれたなあ、というところです。これがほかの国であれば、暴動や革命が起きてもおかしくないレベルです。

こんなにバレバレのわかりやすい悪政なのに、財務省は、あの手この手で国民の目をくらまして、ここまでやってきたのです。

その騙しのテクニックは、相当のものだと言えます。財務省キャリア官僚たちの悪知恵の粋が詰まっているのです。

その騙しのテクニックをご紹介するというのが、本書の趣旨です。この悪知恵は、ビジネスにも応用が利きますし、また騙されないようにする自衛の手段としても有効です。

日本でもっとも凶悪な組織「財務省キャリア官僚」

あなたは日本で一番凶悪な人たちをご存じですか？

それは「暴力団」でも「半グレ」でもありません。

「財務省」です。

財務省というのは、自分たちの利権を守るために、何十万人の人を自殺に追い込み、何百万人の若者の未来を奪い、日本社会全体を貧困化させるという、これ以上ない凶悪な人たちなのです。

しかし日本人の多くは、彼らの凶悪さに気づいていません。多くの人は気づかぬ間に収入が削られ、財産が奪われていったのです。

その手口は、驚くほど巧妙で冷徹なのです。

「いや、日本の政治は国会議員や内閣が行っているものであり、財務省に決定権はないだろう」

と反論する人もいるでしょう。

しかし、「日本の政治は国会議員や内閣が行っているもの」というのは、単なる建前です。日本の政治は事実上、財務省に握られているのです。

現在の日本では、国家権力の大半が財務省に集中しているのです。

国家には、二つの大きな権力があります。

それは「予算策定権」と「徴税権」です。

国家というのは、財政予算がないと運営できません。軍事にしろ、外交にしろ、内政にしろ、財政予算があってのことです。それは、古代国家でも現代国家でも同様です。国家というのは、財政予算があって初めて成立するものです。

そのためには、徴税しなければなりません。徴税権力を持っているからこそ、国家というのは存在しうるのです。

だから税金を集める「徴税権」と、その税金の使途を決める「予算策定権」というのは、国家の二大権力といえるのです。

財務省は、この国家の二大権力を二つとも持っています。

予算は国会が決めるという建前になっています。しかし政治家は細かい数字がわからないので、現実的に予算を握っているのは財務省なのです。

国家予算というのは、国家権力の源泉です。それを握っているということは、相当のパワーを持っていることになります。それに加えて税金を徴収する「徴税権」も握っているのです。

このような巨大な権力を持つ省庁は、先進国ではあまり例がありません。近代国家では、予算策定権と徴税権は、別々の官庁が持つことが多いのです。

日本でも、表向きは「財務省と国税庁は別の組織」という建前になっています。しかし、国税庁長官をはじめ国税庁の幹部は、すべて財務省官僚が占めており、国税庁は完全に財務省の支配下にあるのです。

しかも財務省が持っている権力は、それだけではありません。

金融業界を指揮監督する「金融庁」も財務省の支配下にあります。金融庁の幹部もまた財務省に占められているのです。日本の商取引全体を監視する「公正取引委員会」も、同様に財務省の支配下にあります。さらに、日本銀行の総裁の椅子も定期的に財務省出身者に回ってきますし、はては日本郵便の社長や副社長のポストもたびたび占めています。

また総理秘書官の中でもっとも重要なポストである筆頭秘書官は、財務省の指定席になっています。

筆頭秘書官は、総理に四六時中付き添って、政策のアドバイスを行う職務です。歴代の総理が財務省寄りの考えになるのは、当たり前です。

官邸の司令塔的役割の官房副長官補も、財務省からの出向者となっています。重要閣僚の秘書官など、すべての重要ポストは財務省が握っているのです。

また国家公務員の人事を仕切っているのは、財務省主計局給与共済課（給料関係）、人事院給与局給与第二課（各省庁の人事）、総務省人事・恩給課（国家公務員の総合的な人事）の三つの組織ですが、この三つも、すべて財務省が握っているのです。

一国の政治経済において、これほど一つの省庁に権力が集中している例は、世界を見渡しても日本しかありません。財務省の強大な権力は、世界的に見て異常な状態なのです。

日本の政治経済は、財務省に支配されているといっても過言ではないでしょう。だから、現代日本の重税や悪政の本当の責任は財務省にあるのです。

財務省の悪知恵ポイント

表向きの権力ではなく、実質の権力を握れ

ドサクサに紛れて権力を拡大する

実は財務省は、昔から大きな力を持っていたわけではありません。

戦前は、内務省という官庁が圧倒的に強い力を持っていました。もちろん軍部の力も強かったので、財務省は三番手、四番手程度の官庁に過ぎませんでした。

しかし、戦後つくられた日本国憲法の「ある欠陥」のために財務省(旧大蔵省)の権力が、異常に膨張してしまったのです。

日本の憲法では、「国の予算には国会の承認が必要である」とされています。そして国会では、予算の隅から隅まで検討することになっています。

実は、このルールが財務省の存在を非常に大きくしてしまっているのです。

戦前はそうではありませんでした。戦前も一応、国の予算は帝国議会の承認を得る必要がありました。ところが各省庁の経常費用については、自動的に認められることになって

いたのです。

だから各省庁は、「何か特別な支出が必要なとき」だけ、帝国議会に承認を求めればよかったのです。世界の多くの国で、この方法が取られています。

しかし戦後の憲法では、国会の権力を強くするために予算はすべて国会の承認が必要となりました。だから各省庁は、毎年かかる費用をすべて一から算出し、内閣がそれを精査した上で国会に提出されることになったのです。

国会の権力を強化するためにつくられたこの仕組みは、皮肉にも国会の力を弱めることになってしまいました。そして大蔵省（現財務省）の権力が異常に肥大化してしまうことになったのです。

国会は政治家で構成されており、政治家というのは、予算の細かい内容のことまではわかりません。必然的に各省庁の予算を精査するのは、大蔵省の仕事となったのです。

事実上、大蔵省が各省庁の予算計画を精査し、可否判断を下すようになったのです。それが結局、大蔵省が予算の決定権を握る事態になってしまったのです。

つまり大蔵省は、戦後の国家システム構築のドサクサに紛れて、自分たちの権力を異常に拡大させたのです。その状態が今も続いているのです。

しかも、この財務省の巨大権力のたちが悪いのは、「裏で権力を握っている」ことです。国家権力というのは建前の上では、選挙で選ばれた政治家が握っていることになっています。

だから政治の失敗などがあれば、政治家は国民から責任を取らされます。実際に失政のせいで政権交代したことは何度もあるし、選挙で落とされ失職した政治家も何人もいます。

しかし財務省のキャリア官僚たちは、どれだけ失政を繰り返してきても、国民から責任を取らされることはないのです。彼らはスキャンダルや不祥事を起こさない限り、職を追われることもなく、退職後は厚遇の天下りポストを用意されます。

だから消費税という史上稀に見る悪税が、政権が代わっても引き継がれ推進されてきたのです。

財務省の悪知恵ポイント

社会が混乱しているときにドサクサに紛れて利権を得よ

ルールの抜け穴を衝く

くり返しますが日本の財務省のような強大な権力を持っている省庁は、世界的にも類がありません。

世界の近代国家、民主主義国家は、権力分散を理念としてきました。それは、権力が集中すると腐敗が絶対に起きるからです。だから「権力は分散した上で常に監視するべき」というのが、現代の民主主義国家の基本でもあります。

日本は、この民主主義の理念の完全に逆を行っています。

国家権力は財務省に集中され、しかもそれをまともに監視する仕組みがないのです。

財務省の官僚たちも、自分たちの権力が民主主義の逆を行っていることは承知しています。だから表向きは、「財務省がほかの省庁を支配していることなどない」ということになっています。

たとえば財務省は表向きは、「財務省と国税庁はまったく別個の省庁だ」としています。

世界の多くの国では、予算の策定をする官庁と、税の徴収をする官庁は、別個のものになっています。両方を一つの官庁が兼ねると、恐ろしく強大な国家権力になってしまうからです。

予算の配分を止めたり、税務調査をちらつかせたりすれば、どんな人やどんな企業でもいうことを聞かざるを得なくなってしまいます。そんな強力な国家権力を、一つの官庁が持つのは危ないということで、別個の官庁になっているのです。

そのために日本でも予算の策定は財務省、徴税は国税庁というように別個の官庁がつくられていたのです。そして建前上では、財務省と国税庁は別個の機関であり、健全な緊張関係にある、となっています。

しかし国税庁長官のポストは、財務省キャリア官僚の指定席です。国税庁の最高幹部のポストはことごとく財務省キャリア官僚に占められています。

このポスト支配も、「財務省官僚が国税庁の幹部ポストに就く」というような法律が定められているわけではありません。勝手に財務官僚たちがなしくずしに出向という形で国税庁の主要ポストに就いているのです。

もし国税庁が財務省の管轄下に置かれれば、社会から当然「それはおかしいんじゃないか」という声が出るはずです。しかし財務省は建前としては、別個の組織としておいて、

「ポストを占めること」で事実上、国税庁を支配しているのです。

これと同様の方法で、金融庁や公正取引委員会までも支配しているのです。

つまり財務省は正規の方法で権力を持っているのではなく、法律の抜け穴を衝いて、自分たちの権力を拡大しているということです。

財務省の悪知恵ポイント

建前上はルールを守っているフリをしながら、ルールの穴を衝いて権力を拡大する

不祥事で大蔵省は解体されるも焼け太りする

昔から「権力は必ず腐敗する」と言われてきました。

大きな権力を持っている者は必ず腐敗するという意味です。

こんなに強大な権力を持っていた旧大蔵省も、その言葉通りでした。旧大蔵省は、たびたび不祥事を起こし国民の批判を浴びてきました。

たとえば、１９９８年に発覚した「ノーパンしゃぶしゃぶ事件」です。

この事件は、大蔵省の中にある「証券取引等監視委員会」の職員などが、銀行の担当者から過剰な接待を受けていたというものです。大蔵省職員は、銀行に検査日を教えるなど内部情報の流出行為まで犯しており、収賄罪で現役の大蔵官僚4人が逮捕されるに至りました。

この事件は、第一勧業銀行が総会屋に多額の利益供与をした事件において、大蔵省の検査が甘かったことから、東京地検特捜部が大蔵省の捜査をしたことで発覚したのでした。

この「ノーパンしゃぶしゃぶ事件」は、銀行が大蔵官僚を接待する場所として当時流行していた「ノーパンしゃぶしゃぶ」が利用されたことから「ノーパンしゃぶしゃぶ事件」と呼ばれるようになったのです。

ノーパンしゃぶしゃぶというのは、主に新宿歌舞伎町の楼蘭という名の料理店で行われていたもので、女性店員が下着をつけないまま料理を運ぶという風俗店まがいのサービスでした（ところが当時は、あくまで「飲食店」という扱いでした）。

このノーパンしゃぶしゃぶ事件の少し前にも、「官官接待」などが明るみに出て、大蔵省は世間から批判されていたばかりでした。

官官接待というのは、地方自治体の役人が、より多くの予算配分を受けるために、大蔵省などの中央省庁の役人を接待するというものでした。

そこに追い打ちをかけるように「ノーパンしゃぶしゃぶ事件」が発覚したため、国民の間で「大蔵省はとんでもない役所だ」という意識が高まりました。

そして、この事件が契機になって、大蔵省は解体されることになりました。

2001年、世間の大蔵省批判などを鑑み、「中央省庁再編」が行われたのです。この「中央省庁再編」により「大蔵省」は解体され、「財務省」が発足しました。

ただし、この「大蔵省解体」は実は看板をすげ替えただけであり、大蔵省の巨大な権限は、ほぼ無傷で財務省に引き継がれました。

この中央省庁再編は、省庁を統廃合し、各省庁の大きくなりすぎた権限を縮小させ、官庁主導だった行政を政治主導に転換する目的がありました。

そして、この中央省庁再編の最大の目玉は「大蔵省の解体」でした。

金融庁という官庁を新たに設置し、大蔵省の重要な権限の一つだった「金融機関の監視」をとりあげ、金融庁に引き継がせたのです。しかも、古代から使われてきた「大蔵省」という名称を廃止し、「財務省」に改めたのです。

しかし、この中央省庁再編は、単なる看板のすげ替えに過ぎませんでした。というのも、新たに金融庁をつくり、財務省と切り離したものの、金融庁は実質的に財務省の支配下にあったからです。

金融庁長官は、初代の日野正晴氏が検察庁出身だったものの、2代目以降現在に至るまですべて大蔵省出身のキャリア官僚で占められているのです。

しかも初代・日野氏の金融庁長官在任期間はわずか半年だったのです。つまり最初の半年間だけ、財務省と金融庁を切り離したフリをして、すぐに財務省の支配に戻したのです。国民も当初は金融庁長官の人事に関心を持ちましたが、すぐにそのニュースを忘れてしまいました。つまり財務省は国民が忘れたころに、金融庁の支配権を取り戻したわけです。

財務省の悪知恵ポイント

一時的に反省したふりをして、ほとぼりが冷めたころに元に戻せば国民は気づかない

なぜ国会議員は財務省の言いなりなのか？

それにしても、こんな見え透いた手に、よく政治家は騙されたものです。

省庁再編の目玉だった大蔵省の「金融監督権」の切り離しは、一瞬でまったく有名無実のものとなったのです。

政治家としても、大蔵省の持つ強大な権限は削りたかったはずです。金融庁の二代目が大蔵省出身だということに、異議を持っていた政治家もいたはずです。

なのに、なぜまったく財務省の策略をくじくことができなかったのでしょうか？

それは政治家が実務に疎《うと》く、旧大蔵省の官僚抜きにして政治ができないからです。

日本の国会議員は、法律や予算の策定、国会運営などの実務を大蔵官僚に任せきりなのです。国会議員は、日頃はたいそうな理想を語ったりしますが、現実の政治は大蔵官僚がいないと、まったく動かせないのです。

大蔵官僚に厳しいことをしようとすると、彼らは政治の実務に協力しないという姿勢を見せます。そうなると政治家としては、最終的に大蔵官僚のいうことを聞かざるを得なくなるのです。

その結果、財務省は、大蔵省の持っていた巨大な権限をほぼ無傷で引き継いだのです。しかも財務省は「金融監督権」よりも、もっと巨大で凶悪な権力である「徴税権」についても、何の損傷もなく引き継ぐことができました。

政治家としても、これまで何度も大蔵省、財務省の権力を弱めようとしてきました。しかし、そのたびに財務官僚たちから強烈な圧力をかけられ、断念してきたのです。財務官僚たちがいまだに大手を振って一流企業に天下りしまくっているのも、このためなのです。

なんとも情けない話ではありますが、一般企業でもこれと似たような話はけっこうあります。会社の実務や財務を握っている者の権力が強くなり、上層部でさえも振り回されたり、会社の金を勝手に使われたり、ということです。

経営者の方々は、この点、よくよく肝に銘じておきたいものです。

「実務や財務を一部の人間に任せてしまえば、全権限を支配されてしまうかもしれない」

財務省の悪知恵ポイント

実務を握れば、実質的な権限を握ることができる

財務省を支配するキャリア官僚とは？

この強大な財務省は、わずか数百人のキャリア官僚によって支配されているのです。

日本の官僚組織に入るには、大まかに言って三種類のルートがあります。

高卒程度の学力試験で入るルート、短大卒程度の学力試験で入るルート、大卒程度の学力試験で入るルートです。

この中で「大卒ルート」で入るのが、キャリア官僚です。この試験は非常に狭き門です。大卒程度の学力試験とは言うものの、競争率が高いので超一流大卒の学力を必要とします。だから東大出身者の割合が異常に高いのです。

このキャリア官僚というのは、国家公務員全体で1%ちょっとしかいません。

彼らは入省した時点で、すでに幹部になることが約束されています。もちろん、キャリア官僚同士での出世競争はあります。それでもキャリア官僚以外の官僚たちが、省庁の重要ポストに就くことはありません。

そのキャリア官僚の中でも、もっとも巨大な権力を持っているのが、財務省キャリア官僚なのです。財務省キャリア官僚というのは、20歳そこそこのときに受けた試験の成績がよかったというだけで、強大な国家権力を自動的に与えられるのです。

狭い狭い世界の人たちが日本全体を支配する権限を与えられているということです。

財務省キャリア官僚は、他の省庁や経済界などからも恐れられているし、国会議員さえも頭が上がりません。そして多くの民間企業は、財務省キャリア官僚のＯＢ天下りを受け入れます。

その最大の理由は、彼らが巨大なお金を動かしているからです。

財務省キャリア官僚たちの権力の源泉は税金にあるのだから、この強大な権力を維持していくためには、「安定財源」が欠かせません。

ここで言う「安定財源」というのは、「国民が無理なく持続的に払える税金」という意味ではないのです。「国民が苦しかろうと国の将来がどうなろうと、とにかく一定の税収を確保する」という意味での安定財源です。

「お金を持っているからこそ、周りの奴が言うことを聞く」のです。だから安定的な税収の確保は、財務官僚にとっては至上命題なのです。

そのために彼らは、あの手この手を使って税収を確保しているのです。

税金を取ることは実は大変なこと

多くの人は、あまり感じないかもしれませんが、実は「税金を取ること」というのは大変な労力なのです。

国民から見れば、税金は政治家や役人が勝手に決めるモノという感じかもしれません。

そして「勝手に増税されて、勝手に取られまくっている」と思っている人も多いでしょう。

でも政治家や役人の側から見れば、税金というのは決して簡単なものではありません。

国民は、税金を取られるのを嫌がります。

いろんな形で抵抗することもあります。

無理に税金を徴収しようとすると、国民は嫌がります。

ちょっと増税などをしようものなら、簡単に政権は崩れてしまいます。今まで増税によって、倒れた内閣は数知れません。

たとえば中曽根康弘内閣は、売上税という税金の構想を打ち出しましたが、国民の猛反発を喰《く》って、すぐにひっこめました。当時の中曽根内閣というのは、支持率が非常に高い状態でした。その中曽根内閣でさえ、増税は持ち出せなかったのです。

また消費税を導入した竹下登内閣は、ほどなく倒れてしまいました。

増税をすれば、必ず支持率が下がります。

それを承知で増税したがる政治家などはいません。

だから基本的に政治家というのは、増税を非常に嫌がるものなのです。しかし財務省キャリア官僚は、自分たちの権力維持のために財源を確保しなければなりません。そこで、どうやって国民を騙して税金を巻き上げるか、というスキルが上達していったのです。

そのスキルは、当然のことながらビジネスにも役に立つはずです。

税金は取りやすいところから取れ

ではどうやって財務省キャリア官僚たちは、税金を取ってきたのでしょうか？

為政者たちにとって、税金を上手に取るための鉄則があります。

「税金は取りやすいところから取れ」

ということです。

これはどういうことかというと……。

前項で述べたように、国民は増税を非常に嫌がります。

政治家も増税はしたくない。でも財務省としては、それでも税金を取らなければならないのです。

その際に、抵抗の大きいところから税金を取ろうとすると大変です。

なので、なるべく抵抗が少ないところ、なるべく簡単に税金が取れるところから取るべし、それがもっとも労力がかからないということなのです。

一般の人の多くは、税金というのは、公平になるように設計されているものと思われているはずです。

しかし、それは大きな勘違いなのです。

現代の日本の税金は、長期的な視野に立った制度設計などはしていません。

「この先、日本をどういうふうにしていけばいいか？」

「どうすれば、公平な税システムになるのか？」

などというビジョンを持って税金をつくっているわけではないのです。

では、どういう意図で税金をつくってきたのか？

それは、ひたすら「安定的な財源」を確保するためなのです。

財務官僚たちは、「安定的な財源」を第一に考えているのです。

財務省キャリア官僚たちは「安定的な財源」をなるべく労力を使わずに徴収したいと思っているのです。

なので、なるべく国民に気づかれないように、巧妙に税金を徴収しなければならないのです。官僚たちにとってみれば、労力はなるべく少ないほうがいいのです。

税金を取れても、労力や費用がかかれば、元も子もありません。

税金を徴収するためのコストを徴税コストと言います。

財務官僚の間では、この徴税コストが低いほど、いい税金とされています。だから官僚たちは、この徴税コストを下げるために日夜奮闘しているのです。

もちろん、「徴税コストが安い税金」が社会にとっていい税金だとは限りません。

官僚たちにとっていい税金かもしれませんが、社会にとっては害になる場合もあるのです。でも、お構いなしに、ただただ取りやすいところから税金を取るわけです。

財務省の悪知恵ポイント

お金は取りやすいところから取れるだけ取れ

「すぐにお金を払ってくれる人」を見極めろ

「税金は取りやすいところから取る」

税金を取りやすい人、取りにくい人

税金を取りやすい人	税金を取りにくい人
中間層以下のサラリーマン、低所得者層	富裕層、大企業
理由 税金の知識がない 国にあまり文句を言わない	理由 税金を常に研究している 様々な形で国に圧力をかける

とは、具体的にどういうことなのでしょうか？

お金に関しての人の性格は、二種類あります。

「すぐにお金を払ってくれる人」と「なかなかお金を払ってくれない人」です。

国家は、「すぐにお金を払ってくれる人」をうまく見極め、その人たちにターゲットを絞って徹底的に税金を徴収するのです。

だからビジネスをする際に、もっとも気をつけなくてはならないのは、「すぐにお金を払ってくれる人」を相手にビジネスを行うことです。それが、うまくお金を騙し取る秘訣《ひけつ》なのです。

そして、「すぐにお金を払ってくれる人」とはどういう人かというと、情報弱者なのです。つまり、国は情報に疎い人にターゲットを定めて、税金を徴収しているのです。

「いや、税金は金持ちのほうが高く、貧乏人には低く設定されているはず」

そう思っている人も多いでしょう。

しかし、決してそうではないのです。

日本の貧乏人の実質的な税負担率は異常に高く、金持ちの税負担率は異常に低いのです。

表向きの税率は、確かに金持ちのほうが高く設定されたりしています。ところが金持ちにはさまざまな抜け穴があり、実質の税負担は低いのです。

一方、貧乏人は表向きの税率は低く設定されています。しかしさまざまな罠があり、実質の税負担は高いのです。それは、情報弱者の人たちが国に騙されているだけなのです。

これから、それを例示していきましょう。

財務省の悪知恵ポイント

あまり文句を言わない層にターゲットを絞れ

金持ちから1円を取るより貧乏人から1万円取れ

「税収を上げるためには、どうすればいいか？」

「誰に課税すればいいか？」

それを問われたときに、あなたならどう考えますか？

普通に考えれば、金持ちにたくさん課税すればいいと思いますよね？

金持ちは、たくさんお金を持っているのだから、税金もたくさん払ってくれるはず。だから、まず金持ちに課税すればいい。

貧乏人はお金がないので、なかなか税金を払ってくれないだろう、だから貧乏人からは税金を取れない。そう思うのは、ごく自然でしょう。

でも、それが違うのです。

税務の世界ではこういうことが時々言われます。

「金持ちから1円を取るより、貧乏人から1万円取るほうが簡単」

なぜかというと、金持ちは、お金に関して非常に渋いのです。

税金に関する知識も非常に持っています。だから金持ちから税金を取ろうとすると、かなり大変なのです。

金持ちに増税をしようとすると、金持ちはあらゆる手を使って抵抗します。

経済界などから政治家に働きかけたり、さまざまなプロパガンダを仕掛けたりします。

金持ちに増税したら、「金持ちは海外に逃げるぞ」などと脅したりもするのです。

一方、貧乏人に増税しても、ほとんど無抵抗です。

貧乏人は税金のことはあまり知らないので、「今は国家財政が大変だし、高齢化社会に備えて増税が必要」などと言われれば、すぐにそれを鵜《う》呑みにしてしまうのです。

実際、バブル崩壊以降、消費税など庶民の税金がガンガン増税されたのに、高額所得者や資産家の税金は40〜50％も下げられているのです。

たとえばバブル崩壊前、高額所得者の所得税の税率は75％でしたが、今は40％なのです。約半減です。

その一方で税収が足りないからと言って、消費税が創設され、税率が3％から5％、8％と上げられ、現在は10％です。社会保険料なども値上げに次ぐ値上げをされています。

ビジネスをするときにも、このことは常に念頭に置いておくべきです。

金持ちだから、簡単にお金を出してくれるだろう、と思ったら大間違いなのです。

一般の商品が売れなくなったからといって、「金持ち相手の高級品をつくれば売れるだろう」などと安易に方向転換はできないのです。金持ちほど、財布のひもは固いのです。

金持ちは、本当に納得のいくものじゃないと、なかなかお金を出してくれないのです。

よほどの準備をしておかないと、金持ち相手のビジネスはできないのです。

その一方で貧乏人は、ちょっとしたことですぐにお金を使ってくれます。お金に関する知識が浅いし、お金に対する執着も少ないのです。そしてお金に関して、それほど研究もしていません。

騙すなら、金持ちじゃなくて貧乏人なのです。

財務省の悪知恵ポイント

金持ちより貧乏人のほうが騙しやすい

財務官僚の本質は「大企業の犬」

現代の日本では、サラリーマンの税負担が高くなる一方で、富裕層や大企業の税金は、非常に軽減されてきています。

この事実に、多くの人は気づいていません。

というより、財務省が、巧妙なプロパガンダでこの事実を隠ぺいしてきたのです。

ここでも、やはり情報弱者は損をすることになってしまうのです。

それにしても財務省のキャリア官僚たちは、なぜ大企業や富裕層を優遇してきたのでしょうか？

これには実は、彼らの巨大な利権が関係しているのです。

財務省キャリア官僚というのは、役人としての賃金自体はそれほど高いものではありません。むしろかなり安いと言えます。

初任給は月20万円ちょっとであり、一流企業と比べると安いと言えます。

しかも公務員の給料形態は「年功序列制度」なので、徐々にしか増えていきません。出世して最高のポストである事務次官に就いても、年収は3000万円程度です。一流企業であれば、年収3000万円程度はざらにいるのです。

生涯賃金で見れば、財務省キャリア官僚は、大企業の社員よりかなり安いでしょう。

もともと財務省キャリア官僚は、「安い給料で国家のために働く偉い人たち」では決してありません。

むしろ、まったくその逆なのです。

日本の官僚制度では、官僚の待遇は表向きはそれほどよくはありません。国民の批判を浴びないためです。

しかし裏では、巨大な好待遇が用意されているのです。

その最たるものが、「天下り」なのです。

財務省キャリア官僚たちは退職した後、さまざまな企業や団体の顧問になります。

財務省のキャリア官僚のほとんどは退職後、日本の超一流企業に天下りしています。

たとえば三井、三菱などの旧財閥系企業グループをはじめ、NTT関連、トヨタ、JT（日本たばこ産業）、旭化成、日本生命、ニトリ、伊藤園、プリンスホテル等々、各種の銀行、金融機関など枚挙にいとまがありません。

大半の一流企業で天下り官僚を何らかの形で受け入れているとさえいえるのです。

しかも彼らは数社から「非常勤役員」の椅子を用意されるので、ほとんど仕事もせずに濡れ手に粟で大金を手にすることができます。

その報酬はケタ外れなのです。この退職後の報酬により、10年足らずで10億円近く稼ぐ人もいるのです。

キャリア官僚が、生涯でどれくらいのお金を稼いでいるのか、統計調査などは行われておらず、正確な実態は明らかになっていません。

が、あるキャリア官僚が、「自分の先輩がどのくらい稼いでいるのか」を調査し、記録した資料があるのです。

週刊朝日の2012年8月3日号に載った記事によると、大武健一郎元国税庁長官が歴代国税庁長官、財務事務次官の01〜04年の天下り先と、納めた所得税額を調べた資料があり、それを妻が同誌にリークしたのです。

その資料によると、年間5000万円以上の報酬を受け取っている者もおり、生涯で10億円稼ぐ者も珍しくないとのことです。

普通のサラリーマンの生涯収入の4〜5倍です。

しかも彼らは、この金のほとんどは退職後10年足らずのうちに「わたり」で稼ぐのです。

ここで言われている「わたり」というのは、天下り先を数年ごとに変えていき、いくつもわたり歩くということです。

この「わたり」によって、彼らは短期間で巨額の荒稼ぎをするのです。

そして、ここがもっとも重要な点なのですが、彼らのほとんどは官僚としての報酬よりも、退職後に天下りして受け取る報酬のほうがはるかに大きいのです。

つまり彼らの本質は「国家公務員」ではなく、「大企業の非常勤役員予備軍」なのです。彼らにとって国家公務員というのは、天下り先を得るための準備期間に過ぎないのです。だから彼らは国民生活がどうなろうと、日本の将来がどうなろうと関係なく、自分たちの主人である大企業に有利な政策ばかりを講じてきたのです。

その結果、日本は世界最悪の少子高齢化社会となり、深刻な格差社会となってしまったのです。

財務省の悪知恵ポイント

表向きの報酬は少なくし裏でたっぷりもらえ

第2章

増税をステルス化する

税金という言葉を使わない「ステルス税金」とは？

財務省は、税金を取る際に巧みに情報操作をします。

情報操作をするといっても、だれにでも情報操作が通用するわけではありません。情報操作が通じるのは、情報に弱い人です。

逆に言えば、情報に弱い人は国に騙されてしまうのです。

たとえば国は「隠れ増税」という方法を近年、多用しています。

「隠れ増税」とは、名目上増税ではないけれど、実質的に増税になる法改正のことです。

国民は「増税」という言葉には過敏に反応します。

前に触れたとおり、増税を行うと必ず政権の支持率は下がり、だいたいその内閣はつぶれます。

だから政治家も、増税はなるべく避けたいものなのです。

しかし不思議なことに、「増税」という言葉さえ使わなければ、国民はスルーしてしまうことが多いのです。

増税という言葉を使わずに税のシステムを少しいじって実質的に税金を上げても、まったく気づかないことが多いのです。

だから国税当局は増税という言葉を使わずに、実質的な増税つまり「隠れ増税」を繰り返してきました。

近年、財務省が講じた「ステルス税金」の中で、もっとも悪質と思われるのは、平成16（２００４）年に行われた低所得者に対する大増税です。

この大増税も、財務省の巧みな喧伝で「増税」という言葉が使われなかったので、あまりメディアが取り上げることはありませんでした。ところが日本の低所得者の家庭にとって非常に大きな増税だったのです。

この大増税というのは、「配偶者特別控除」の削減です。

配偶者特別控除とは、妻に収入がない夫婦の場合、つまり夫だけが働いている夫婦は、税金を割引しましょうという制度でした。

この「配偶者特別控除」によって最低でも5万円程度、税金が安くなっていたのです。

しかし平成16年に、この制度を事実上廃止してしまったのです。

現在も「配偶者特別控除」という名称の所得控除は残っています。しかし以前のものとはまったく違うものであり、以前の節税効果はまったくありません。この当時「配偶者特別控除」は表向きは「削減」となっていましたが、事実上は廃止だったのです。

この「配偶者特別控除」は、年収1000万円以下の家庭にしか適用されていませんでした。つまり配偶者特別控除は、「所得が低く、夫だけしか働いていない家庭」に配慮した制度だったのです。

これが廃止されたことは、「所得が低く、夫だけしか働いていない家庭」に対して、増税が行われたことに等しいのです。

この増税の対象となっていたのは、まだ子どもが小さく妻は働きたくても働けない、もしくは妻に技術や学歴がなく、パートでちょっと働くくらいしかできない家庭だったのです。

世間的に見れば、もっとも生活が苦しい家庭です。その家庭を狙い撃ちにして、最低でも5万円の増税を行ったのです。

年間5万円の増税というのは、けっこう大きいものであります。

もし「子供が小さくて妻が働きに行けない低所得家庭の所得税を1人当たり5万円増税

します」と政府が発表すれば、国民は大変な反発をするはずです。

でも国は巧みに増税をという言葉を使わずに、これを行ったので、国民はほとんど気づきませんでした。大手マスコミなども、それほど関心を示さず、メディアによる反対意見もあまり出ませんでした。

財務省の悪知恵ポイント
税金という言葉を使わなければ増税しても国民は気づかない

社会保険料が急増している理由

現在の税金、社会保険料は、江戸時代の農民よりも高いと述べました。特に社会保険料の高さは目に余ると言えます。

というのも、税金と社会保険料の計算方法は、かなり違います。

税金は、収入からさまざまな所得控除を差し引き、その残額に対して税金が課せられます。

サラリーマンの場合は、「給与所得控除」で収入の約30%が控除され、基礎控除、社会保険料控除、扶養控除などでだいたい100万円以上が控除されます。

そのため年収500万円の人でも、課税所得は300万円くらいになるのです。この300万円に対して税率がかけられるのです。だから税率が10%と言っても、実際は年収の6%程度になるのです。

しかし社会保険料というのは、そういう「所得控除」的なものがほとんどありません。年収500万円の人の場合は、500万円そのものに社会保険料が課せられるのです。だから500万円の約30%（事業者と従業員の負担の合計）が、そのまま社会保険料として取られてしまうのです。

この社会保険料の大きな負担は、サラリーマンの生活を圧迫するだけじゃなく、事業者の経営も圧迫してきました。

しかも、です。

この社会保険料は近年、急激に上げられてきたのです。

健康保険は2002年には8・2%だったのに、現在は10・0%です。しかも40歳以上の場合は、介護保険の1・58%が加わっているので合計で11・58%となっているのです。

つまり以前は8・2%だったものが、11・58%になっているのです。15年の間に、実に

4割近い値上げです。

厚生年金は、1980年までは会社と社員の負担分を合わせて9％程度、2004年には13・934％でした。しかし近年急激に上昇し、2017年以降は18・3％になっています。1980年と比べれば倍になっていますし、2004年と比べても4割近い値上げです。

所得税は、バブル期に比べればかなり下げられてきているので、社会保険料だけがこんなに上げられているのは異様です。

なぜ社会保険料だけが、これほど急激に上げられたのかわかりますか？

少子高齢化のため？

いえ、違います。

もし少子高齢化で財源が必要だというのなら、一方で所得税を下げられてきたのは説明がつきません。

正解は「社会保険料というのは、上げやすいから」です。

何度か触れたとおり国民は、「税金を上げる」というと非常に反発します。しかし税金と同じ性質を持つけれども税金と名のつかないものに対しては、けっこう鈍感なのです。

特に社会保険料の場合は、「少子高齢化のために値上げは仕方がない」と宣伝すれば、国民は簡単に信じ込んでしまいます。

そのため、これほど無茶な上昇となっているのです。

財務省の悪知恵ポイント
社会保険料を上げても国民はなかなか文句を言えないから社会保険は上げ放題

2007年には住民税のステルス増税が

2007年には、住民税改正のドサクサに紛れて、低所得者層の増税が行われています。

2007年に住民税の大幅な改正が行われましたが、このとき国は、「実質的な税金は変わらない」と説明してきました。

でも、よくよく検討すると、これは真っ赤なウソだったのです。

それまでの住民税は、所得の多寡《たか》に応じて5%、10%、13%の三段階に税率が分かれていました。ところが2007年の改正で所得の多寡にかかわらず、一律10%という税率になったのです。

その代わり所得税の税率で調節し、所得税と住民税の二つを合わせた税率はプラマイゼロになるように設定されたのです。

国はこの改正について、「住民税と所得税と合わせればプラスマイナスゼロなので、増税ではない」と説明してきました。

でも実はこれは事実ではありません。

というのは住民税と所得税では、課税範囲がちょっと違うからです。

住民税のほうが所得税よりも課税範囲が広いのです。住民税と所得税では、同じ収入の人であっても、住民税のほうが高くなるのです。

そして2007年の改正では、高額所得者は所得税の割合が増えて住民税の割合が減り、低額所得者は所得税の割合が減って住民税が増えるということになっています。

ということは、住民税の割合が減った高額所得者は減税となり、住民税の割合が高くなった低所得者は増税となったのです。

そして住民税は、課税最低限が所得税よりも低く設定されています。課税最低限とは、これ以下の所得であれば税金は課せられないというラインのことです。住民税はこのラインが低いので、所得税よりも多くの人が課税対象になるのです。

つまり所得税を下げて住民税を上げるということは、これまで税金を払わなくてよかった低所得者層の税金を増やすことになった、というわけです。

「2007年の住民税の改正はプラスマイナスゼロ」

というのは、ウソなわけです。

これは計算をすれば、だれだってすぐにわかる歴然たる事実なのです。

なのに、国民はだれも怒らない。野党だって共産党も含め、どこもほとんど文句を言っていないのです。

野党やマスコミまでもが税金のことをいかに知らないか、ということの象徴的な出来事だと筆者は思います。

財務省の悪知恵ポイント

国民は税金の細かいことまではチェックしない

節税になる情報を隠す

前項では、国が税収を確保するための手段として、国民に気づかれないように増税する「隠れ増税」をご紹介しました。

そして、もう一つの税収を確保する手段として、「国民に節税をさせない」という方法もあります。

本当は節税ができるのに、情報がないばかりに国民は節税ができないのです。

それは国から見れば、税収を上げるのと同じ効果があるのです。

税務署、国税当局というのは、節税に関する情報を極力流しません。

また税務当局は、納税者が有利になるような情報をなるべく伏せます。聞かれたら答えますが、聞かれる前に自ら進んで話すことは絶対にないのです。

たとえば、所得税には、雑損控除というものがあります。

この雑損控除というのは、自然災害や盗難にあった人の税金が割引になる制度です。この制度は、かなり対象者が広いはずなのです。しかし国税庁がわざと情報を閉ざしている

雑損控除として控除できる金額

次の二つのうちいずれか多い方の金額です。

（差引損失額）- 所得の10%

（差引損失額のうち災害関連支出の金額）－５万円

（注）「災害関連支出の金額」とは、災害により滅失した住宅、家財などを取壊し又は除去するために支出した金額などです。

出所：国税庁ホームページから抜粋

ために、あまり使っている人がいないのです。

国税庁のホームページでは、雑損控除について上のような記載があります。

上の注意書きを読んだ皆さんは、おそらくこう思うはずです。

「災害関連支出というのは、建物を取り壊したり、除去したときの費用だけなんだな」

と。

この注意書きを読めば、そういうふうにしか取れませんよね？

しかし、この記述には一番大事なことが抜けているのです。

災害関連支出というのは、「災害で被害にあったときの家などの修繕費」も含まれるのです。

東日本大震災で、家が少し壊れて修繕した人が、もし国税庁のホームページを読んだ場合、「自分は家を取り壊したりしていないので、該当しないんだ」と思ってしまいますよね？

でも実際はどうかというと、壊れた建物を修繕する費用も含めていいのです。所得税施行令206条では、災害関連支出には「損害を受けた住宅家財などを現状回復するための費用も含まれる」と明記してあります。

そして災害で家などに被害があった人は、そこが一番重要な情報ですよね？

つまり国税庁のホームページでは、カンジンカナメの部分を書いていないわけです。というより意図的に読者に誤解させて、節税の方法を閉ざしているのです。

完全に確信犯です。

市民が税金に疎いのをいいことに、わざと大事なことを書かなかったり、誤解されるような表現をして節税をさせないのです。

財務省の悪知恵ポイント

節税の説明をわかりにくくしておけば国民は節税をしなくなる

税金の取り過ぎは黙っておく

また国は、国民が税金を払い過ぎていた場合、税務署の過誤徴収でない限りは絶対に教えてくれません。

たとえば退職したサラリーマンの多くは、税金が過払いになっています。

しかし、このことを国税は進んで広報しようとは絶対にしないのです。国民にとっては、かなり重要な情報であるにもかかわらず、です。

退職した人は、退職した時点で会社の関与は終わってしまいます。

でも税金（所得税）というのは、年間を通しての所得に対してかかってくるものです。年の途中で仕事をやめたということは、年末調整が行われておらず、税金の計算はきちんとされていないということなのです。

通常、毎月の源泉徴収というのは、本来の税金よりも若干多めに取られています。つまりサラリーマンの源泉徴収というのは、だいたい納め過ぎの状態になっているのです。

普通のサラリーマンであれば、その納め過ぎの税金は年末調整で返ってきます。しかし年の途中で退職した人は年末調整を受けていないので、納め過ぎのままになっているのです。

退職した人でも、すぐに再就職をすれば、次の会社が年末調整をしてくれるので納め過ぎの状態は解消されます。でも退職してすぐに再就職していない人は、納め過ぎのままになっているのです。

このことは、あまり知られていないので、かなり多くの人が税金を納め過ぎになっているはずです。

そしてサラリーマンのみなさんにとっては、非常に違和感があることかと思われますが、税金を納め過ぎている場合、請求しなければ戻ってこないのです。

公共料金とか民間のサービス関係ならば、お金を払い過ぎていたら、必ず戻してくれます。戻してくれなかったら「不当だ」として大変なことになりますからね。

でも税金の場合は、そうではないんです。

納め過ぎの場合（税務署が誤って取り過ぎた場合を除いて）、自分が言わなければ返してくれないのです。

もし税金を納めていなかったり、納めた金額が足りなかったりすれば、税務署は督促をします。

でも、納め過ぎた税金を税務署のほうから自動的に返すなんてことは絶対にないのです。

財務省の悪知恵ポイント

税金還付の手続きを複雑にしておけば国民は税金還付を受けない

年金生活者から還付税金を騙し取る

税金の払い過ぎは、年金生活者にも及んでいます。

しかも年金生活者の場合は、財務省が積極的に払い過ぎになるように誘導さえしているのです。

平成23年度から、公的年金の年間支給額が400万円以下の人は、確定申告の必要がなくなりました。

これは、公的年金の年間支給額が400万円以下で他に収入がないならば、もし確定申告の必要があったとしても、確定申告をしなくていいという制度です。

年金暮らしの高齢者にとって、確定申告はわずらわしいものです。なので、これは一見、高齢者のための思った制度のように見えます。

しかし、しかし、です。

騙されてはいけません。

実は、この制度は、高齢者のわずかな年金から、不当に税金を巻き上げようという財務省の魂胆があるのです。

というのは、年間支給額が400万円以下の年金生活者の場合、まず税金はほとんどかかりません。にもかかわらず公的年金は源泉徴収されていることが多いのです。つまり、そういう人たちは「税金を納め過ぎの状態」になっているのです。

本来、そういう人たちは確定申告により、税金の還付を受けることができました。

たとえば、65歳以上で年間180万円の公的年金をもらっている人の場合で計算してみましょう。

65歳以上で年間180万円の年金支給に対しては、年金控除額が120万円あるので、年金での所得は60万円ということになります。そして基礎控除や社会保険料控除などを控除すると、普通は課税所得はゼロになります。つまり税金はかかってこないのです。年間180万円の年金というと、年金生活者の平均的な受給額です。つまり、平均的な年金生活者であれば、本来税金はほとんどかかってこないのです。

しかし、65歳以上で年金支給額が年間158万円を超えると、年金は所得税が源泉徴収されます。源泉徴収される額は、扶養家族などの状況によって変わりますが、年間180万円程度の受給額であれば、多いときには数万円の源泉徴収をされることもあります。

ということは、本来は税金を払う必要のない人から源泉徴収しているということです。

そして、この人が確定申告をしなかったら、どうなるでしょう?

源泉徴収された税金は戻ってこずに、取られっぱなしということになるのです。

つまり、「年金生活者の確定申告不要制度」というのは、年金生活者のためを思っているようで、実は年金生活者からなけなしの金を巻き上げる制度だったのです。

だから年金受給額が年間400万円以下の人は、確定申告に行ったほうがいいケースが多いのです。年金生活者の確定申告は非常に簡単で、年金事務所から送られてくる源泉徴収票と身分証明証を持っていけば、後は税務署員の指示に従って申告書を記入すればいいだけなのです。

ただし、年金受給額400万円以下の人が必ずしも税金還付になるとは限りません。扶養家族などがいて、源泉徴収されていないケースもありますので。

どういう人が源泉徴収されていないのか、簡単にチェックする方法をご紹介しますね。年金事務所から送られてくる源泉徴収票の中に、「源泉徴収額」という欄があります。この欄に、数字の記載があれば、源泉徴収されているということです。そういう人は、ほとんどの場合、税金が還付になります。たとえ数千円であっても、税務署に行くだけでもらえるお金なので、もらっておいて損はないはずです。

公的年金等の源泉徴収票の一例

令和 4 年分 公的年金等の源泉徴収票

支払を受ける者	住所又は居所			
	(フリガナ)		生年月日	年金の種別
	氏名			

区分	支払金額	源泉徴収税額
所得税法第203条の3第1号・第4号適用分	円	円
所得税法第203条の3第2号・第5号適用分	円	円
所得税法第203条の3第3号・第6号適用分	円	円
所得税法第203条の3第7号適用分	円	円

本人				源泉・控除対象配偶者の有無等		控除対象扶養親族の数			16歳未満の扶養親族の数	障害者の数		非居住者である親族の数	社会保険料の額
特別障害者	その他の障害者	ひとり親	寡婦	一般	老人	特定	老人	その他		特別	その他		
						人	人	人	人	人(人)	人	人	円

源泉控除対象配偶者	(フリガナ)		区分	(摘要)
	氏名			
控除対象扶養親族	(フリガナ)		区分	
	氏名			
	(フリガナ)		区分	
	氏名			
16歳未満の扶養親族	(フリガナ)		区分	
	氏名			
	(フリガナ)		区分	
	氏名			

支払者 法人番号 6000012070001
東京都千代田区霞が関1丁目2番2号
官署支出官 厚生労働省年金局 事業企画課長 印 10mm

そして「源泉徴収額」という欄に数字の記載がなかったり、ゼロが記載されている場合は、税金の還付はありませんので、税務署に行く必要はありません。

財務省の悪知恵ポイント

相手に親切にしているフリをして相手に損をさせろ

知らない間に徴収されている「子育て拠出金」

あなたは、現在、サラリーマンが「子ども・子育て拠出金」という〝税金〟を払わされていることをご存知でしょうか?

この「子ども・子育て拠出金」というのは、もともとは児童手当拠出金と言われていたものです。しかし2015年に、子ども・子育て支援法という法律ができて、「子ども・子育て拠出金」という名称になりました。

このように言うと、自発的に払うお金という感じがしますが、制度自体はほぼ税金です。

この「子ども・子育て拠出金」は、日本全国の事業所(会社や個人商店など)で、従業員に賃金を支払う場合に、その賃金の額に応じて拠出するものです。その従業員に子どもがいようといまいと関係なく強制的に徴収されます。

この「子ども・子育て拠出金」は、事業所が負担するということになっています。しかし事業所から見れば、人を雇ったときにかかる経費の一部であり、人件費として支払うわけです。本来、従業員がもらえる分が削られるということであり、実質的に従業員が負担しているのと同様です。

形式の上では事業者が負担することになっているので、サラリーマンは自分がそういうものを間接的に負担していることすら知りません。

しかも、この「子ども・子育て拠出金」は近年になって、拠出率が急上昇しているのです。

２０１２年3月以前には、０・13％だったものが、２０１７年には０・23％、２０２０年からは０・36％になっているのです。わずか8年で約3倍になっているのです。

年収５００万円の人は年間1万円以上取られることになります。

なぜ、これについてだれも文句を言わないのでしょうか？

そこには財務省の巧妙なトリックがあるのです。

「子ども・子育て拠出金」は税という文言を使うことを巧みに避けています。国民は税という言葉には敏感に反応しますが、税という名称がついていなければ鈍感なところがあります。

もし「新たに税を年間1万円徴収する」ということになれば、国民は大反発します。でも拠出金という名目にすれば、スルーしてしまうのです。

しかも、この拠出金は、国民が直接払うのではなく、事業者が負担する形態になっています。国民からは見えにくく、ほとんど誰も知らない事態になっているのです。

昨今、こういう負担増が国民の知らない間に、あちこちで行われています。

「少子高齢化」という錦の御旗を振りかざし、国民のわかりにくいところで負担を増やしているのです。

つまり「ステルス（目に見えない）税金」が急増しているのです。

「子ども・子育て拠出金」は、金額がそれほど大きくはないのでスルーしてしまう人もいるでしょう。

しかし現在の日本には、この手の「見えない税金」が氾濫しています。

たとえば社会保険料の多くは、国民に還元される前に、官僚たちによってピンハネをされているのです。また公共料金なども、国際的に見てかなり割高になっています。

「子ども・子育て拠出金」の拠出率の推移

2012年3月以前	0.13%
2012年4月以降	0.15%
2016年4月以降	0.20%
2017年4月以降	0.23%
2020年4月以降	0.36%

さらに、昨今、待機児童問題が大きくクローズアップされています。ここにも実は巨大な「ステルス税金」が存在しているのです。

おそらく普通の人でも収入の2～3割は、「ステルス税金」を支払わされているはずです。

しかも、これらの「見えない税金」は、本当に少子高齢化のために使われているのではありません。本来ならば、社会保障、社会福祉は、普通の税収で十分に賄えるはずなのです。

近年の日本は、必要な手当てを怠り、財政を極度に悪化させ、少子高齢化の備えもまったくしてきませんでした。そのツケを「ステルス税金」でカバーしようとしているのです。

財務省の悪知恵ポイント

「税金」ではなく「拠出金」という名称にすれば国民は文句も言わずに払ってくれる

第3章

情報弱者を洗脳する方法

税金を払わせるための二つのイメージ戦略

これまで財務省がいかにうまく国民を騙して税金を盗ってきたか、をご説明してきました。

しかし、この「騙す」という行為は、そう簡単ではありません。国民もバカではないので、そう見え透いた手には引っかかりません。だから財務省は、非常に手の込んだ「騙しのテクニック」をつくりあげてきました。

財務省の騙しのテクニックは、単なる税務上の事務的なことばかりではありません。税金や財政に関して盛んにイメージ戦略を行い、世論を財務省の都合のいいように誘導していくのです。

近年、財務省のキャリア官僚たちは、自分たちの主人である大企業や富裕層には大減税をし、国民全体には大増税をしてきました。これは税改正の推移を追っていけば、だれでも簡単にわかる事実です。

しかし財務省は、この簡単な事実を国民に知られまいと、さまざまなイメージ戦略を行ってきました。その結果、ほとんどの国民は財務省の悪政に気づいていません。

これは、いい悪いは置いておいて、ビジネス的に非常に重要なスキルだと思われます。自社のイメージをよくすることは、企業にとって大事なことのはずです。同じような商品でもイメージ戦略でよく売れたり、まったく売れなかったりします。というより劣悪な商品でもイメージ戦略によって、売れたりもするのです。

財務省は、劣悪な税金をスムーズに徴収するために、さまざまなイメージ戦略を行ってきました。

それは、企業が自社の商品を買わせるためにイメージ戦略を行うのと変わりません。

財務省のイメージ戦略の方向は、大きく二つあります。

一つは、「税金は非常に社会に役に立っている」というイメージです。

税金は社会のためにこんなに役に立っているのですよ、税金はあなたのためにこんなに使われているのですよとアピールして、国民に「税金は払わなくてはダメだよな」と思わせるのです。

もう一つは、「国は財政において、とても苦しいのだ」ということです。

日本は巨額の財政赤字を抱えています、日本はこれから未曾有の少子高齢化社会になります、財源が足りないのですとアピールして、国民に「増税も仕方ないのかな」と思わせるのです。

この二つのイメージを国民に植えつけるために、繰り返し繰り返し、イメージ戦略を繰り広げてきたのです。

この二つのイメージ戦略も実は、騙しのテクニックが多数使われています。そして、そのテクニックに国民はまんまと騙されているのです。

本章では、財務省が国民に税金を支払わせるために、どういうイメージ戦略を行ってきたか、そしてそのイメージ戦略にはどんなカラクリがあるのかをご紹介していこうと思います。

「あなたの子どもに100万円の税金が使われている」の殺し文句

国民に税金を払わせるためには、税金が有効に使われている、というイメージを打ち出さなくてはなりません。

税金というのは、無駄遣いされがちです。「税金の無駄遣い」については、よく新聞等でも報道されますし、国民は非常に不信感を持っています。

そういう不信を払しょくするために、財務省が行っているイメージ戦略があります。

それが次の文言です。

「小中学校の生徒一人あたり年間１００万円近くの税金が使われています」

これは財務省や国税庁のＰＲ誌やＨＰにもよく登場するコピーです。

これを読むと、多くの国民は思うはずです。

「子ども一人に１００万円も使われているなら国民にも税金は還元されているじゃないか」

「国は教育費にずい分お金を割いているのだ」

「やはり税金はちゃんと払わなければならない」

と。

だから、税務当局の格好のアピール材料となっているのです。

このコピーは実は、財務省の騙しのテクニックを象徴するものなのです。

これが子どもたちのために、ちゃんと一人１００万円も税金が使われているとしたら、別に騙しでもなんでもないわけです。

なので、本当に子どもたちのために税金が使われているかどうか、分析してみたいと思います。

確かに予算の上では、小中学校の生徒一人あたり100万円程度使われている計算になります。でも細部を計算してみると、これは決して真実ではないのです。

小中学校の一人一人に使われているというより、役所の予算として分捕っているに過ぎず、子どもたちのためとはまったく違うところに使われているのです。

これは単純な計算をすれば、わかります。

一人に100万円近くの税金が使われているとすれば、30人学級であれば一学級あたり、年間3000万円となります。

つまり財務省の宣伝通りならば、一つの教室に年間3000万円もの巨額のお金が使われているのです。一つの学校には数十億円のお金が一年間に使われている計算になります。でも実際に小中学校の一つの教室に、年間数千万円のお金が使われているでしょうか？

答えはノーでしょう。

先生一人あたりの人件費は、高く見積もっても500～600万円です。

教科書や教材費なども、子ども一人にせいぜい2〜3万円くらいしかかかっていないはずなので、一教室あたり100万円もいかないでしょう。学校の施設費なども、子供の人数や使用年数で割れば、微々たるものです。学校には固定資産税もかかっていないわけですから。

だから教室一つあたりの教育費というのは、どう高く見積もっても1000万円ちょっとです。3000万円の予算の3分の1で済んでいるはずなのです。

また別の角度から見ても、この矛盾は解けます。

小中学校の登校日は年間200日程度です。

ということは子ども一人に100万円使われているとすれば、1登校日あたりに使われている教育費というのは約5000円です。つまり子ども一人が一日学校で授業を受ける費用というのは5000円ということなのです。

はたして子どもたちは学校で一日、5000円以上の価値のある教育サービスを受けているでしょうか？

子どもさんを持つ親ならば、絶対にそれは違うと思うはずです。

30〜40人に一人しかつかない教師。何十年もほとんど内容が変わらないおもしろみのない教科書。今の学校の授業なら、どう高く見積もっても一日1000円が限度でしょう。無料だから皆行っているものの、これが毎日5000円を自腹で払えと言われたら、今の学校に登校させる親はいないはずです。

もし民間の学習塾などに、一日5000円の授業料を払えば、至れり尽くせりの非常に高度な教育サービスを受けられるはずです。

利便性の高い場所で、冷暖房は当然完備されるだろうし、教師も4、5人に一人くらいはつくはずです。

たとえば大手の予備校の全日制で年間の受講料はだいたい60万円程度です。

小学校が使っている税金の半分ちょっとです。しかも予備校の場合、駅前の一等地にあるケースが多く、高い場所代、高い法人税、固定資産税なども払っているのです。講師なども高給で優秀な人を集めています。にもかかわらず、公立小中学校よりもはるかに低い金額で運営されているのです。

それを考えれば小中学生一人に教育費が100万円使われているというのは、絶対にウソなのです。

単に教育費という名目を取っているだけで、別のところに使われているのです。

にもかかわらず、さも子どものために使われているような宣伝を繰り返してきたのです。

「日本の法人税は世界的に高い」というカラクリ

何度か触れたように、財務省キャリア官僚たちは天下り先の大企業を大事にします。税制上も、もちろん大企業は超優遇しています。

しかし、それを国民に悟られてはなりません。

なので財務省は、大企業の税金についても巧みなイメージ戦略を繰り広げてきました。

「日本の法人税は、世界的に高い」

と思っている方も多いはずです。

しかし実は、「日本の法人税が世界一高い」というのは大きな誤解なのです。

財務省の巧妙なイメージ戦略で、そう思わせられているだけなのです。

日本の企業の税金が決して高くないことを国民が悟れば、必ず税金を払うことに文句を言うようになります。自分たちだけが高い税金を払わされているのですから。

家族関係社会支出の国際比較（GDP比）

日本	29.74%
ドイツ	29.93%
フランス	25.00%
イギリス	25.00%
アメリカ	27.98%

出典：財務省ホームページより

それを防ぐために財務省は、上手に国民を丸め込んでいるのです。

日本の法人税は、確かに名目上は非常に高いです。

上の表は、財務省がホームページに載せている先進主要国の法人実効税率の比較です。

法人実効税率とは、法人（企業）に課せられている国税と地方税の合計税率のことです。

これを見ると、日本は主要先進国の中でドイツの次に法人実効税率が高いことになっています。この法人実効税率は世界的に見て、かなり高い部類に入ります。この数値を取り上げて、財務省や御用学者たちは「日本の法人税は高い」とさんざん喧伝しているわけです。

しかし日本の法人税にはカラクリがあるのです。というのも日本の法人税にはさまざまな抜け穴があり、表面的な税率は高いけれど、実際の税負担はまったく大したことがないのです。

つまり「ステルス税金」の逆で、「ステルス減税」が日本の企業には施されているのです。法人税の抜け穴の最たるものは、「試験開発費」です。

これは2003年に導入されたもので、試験開発をした企業はその費用の10％分の税金を削減する、という制度です。

限度額はその会社の法人税額の25％です。世間的にはあまり知られていませんが、この減税は、大企業に大きなメリットがあります。

というのも大企業というのは、だいたい試験開発費を多く支出しているものです。また減税の対象となる範囲が非常に広いものだったので、大企業のほとんどは、この試験開発費減税を限度額ギリギリまで受けることができるのです。

試験開発費の限度額は法人税額の25％なので、限度額ギリギリまで試験開発費減税を受けることは事実上、法人税が25％下げられたのと同じなのです。

だから日本の実質的な法人税率は、名目上の税率よりも25％くらい低いのです。先進国としては普通か少し低いくらいになるのです。

しかも日本の法人税には、さらにさまざまな抜け穴があります。

つまり日本の法人税率はまったく高いものではないのです。

財務省の悪知恵ポイント

大企業には名目上の税率を高く設定しておき抜け穴をつくってこっそり優遇する

「法人税を上げると企業が海外へ流出する」と脅す

大企業の税金は税率だけではなく、さまざまな場面で優遇されてきました。たとえば東日本大震災のときに設立された復興特別税は、法人税だけが先に廃止されてしまいました。先ほども述べたように、日本の企業の税金というのは決して高くはありません。にもかかわらず、ことあるごとに企業の税金は優遇されてきたのです。

財務省は、国民の不満をそらすために「税金が高いと企業が海外に出て行ってしまう」などとよく言います。でも、これも実は真っ赤なウソであり、財務省のプロパガンダに過ぎないのです。

「企業に増税すれば企業が海外に出ていく」

という主張は、まったく根拠のないデタラメな話なのです。

というのも法人税（住民税も含む）とは、企業の支出の中でわずか1％にも満たないのです。だから会社の税負担を10％程度増減させたとしても、企業活動の中でみれば、わずか0・1％程度の増減しかないのです。

わずか0・1％の経費削減のために、わざわざ外国に行く企業などないのです。外国に拠点を移すことは、それなりにリスクを伴うものです。経費が0・1％削減できるくらいでは、とても元が取れるものではありません。

今、日本の企業が東南アジアなどに進出しているのは、人件費が安いからです。人件費は、企業の経費の中で大きな部分を占めています。

経費の半分以上が人件費という企業も多々あります。そういう企業にとって安い外国の人件費が魅力なので、海外に拠点を移すのです。

「税金が安いから中国に工場を移した」

などという企業は、聞いたことがないはずです。

税負担が高いからといって日本の企業の本社が外国に移ることは、まずないのです（よほど特殊な企業じゃなければ）。

実際に今よりはるかに企業の税負担が大きかったバブル以前は、はるかに企業の海外進出は少なかったのです。当時は、まだ東南アジアなどでインフラが開発されておらず、企業が海外に出ていく環境が整っていなかったからです。

日本の企業のほとんどは日本に基盤があり、日本の文化を持っています。日本の企業文化というのは独特のものがあり、外国に出て行って、そうそう上手にやれるものではないのです。

わずかな経費削減のために、外国に拠点を移すことなどあり得ないのです。つまり財務省が企業の減税をしているのは、企業を日本に引き留めるためでは決してないのです。

財務省の悪知恵ポイント

「企業が海外に流出する」などと国民の危機感をあおるようなことを言えば、国民はすぐに騙される

「法人税減税が国民にとって得になる」というウソ

法人税を減税すれば、景気が上向いてサラリーマンの賃金もアップする、という論をよく見かけます。財務省のイメージ戦略の一つなのですが、これもまったくのウソなのです。というのも企業の経済活動において、法人税の減税は賃下げの圧力を生むのです。それは理屈でもそうなるし、実際のデータでもそうなっていることです。

それは、この30年の経済データを見れば、火を見るより明らかなのです。

サラリーマンの多くも法人税が減税されれば、自分の給料も上がるのではないか、と思っている人が多いようです。

しかし実は、これは正反対なのです。

「法人税が減税されれば、サラリーマンの給料は下がる」のです。

法人税の減税というと、会社の税負担が軽くなるわけなので、サラリーマンにも恩恵がありそうなイメージがあります。

しかし企業会計を見てみれば、それはまったく逆です。なぜなら法人税が減税されれば、会社は経費率を下げる努力をするからです。

法人税というのは、企業の利益に対してかかってくるものです。

企業の利益というのは、サラリーマンのものではなく株主のものです。だから法人税が下がって、その分の利益が増えれば、それは株主に回されるのです。

もし法人税が減税されれば、会社は株主のためになるべく多くの利益を残そうとします。

利益というのは、売上から経費を差し引いたものです。利益を多く残そうとするならば、売上を上げるか、経費を下げるかしかありません。必然的に、会社は売上を増加させ、経費を削減させる方向に動くのです。

そして経費を削減させると、サラリーマンの給料カットにつながるのです。

実際に、この30年の日本経済を見れば、それはよくわかるはずです。

この30年の間、法人税は10％以上も下げられました。

また先に紹介した研究開発税制も行われました。そして、この30年の間には、戦後最長と言われる長い好景気の時代もあったのです。

にもかかわらず、この30年間、サラリーマンの給料はほぼ一貫して下げられてきました。

それは、法人税減税も大きな要因の一つなのです。

財務省の悪知恵ポイント
会計のことは適当なことを言っても国民は簡単に騙される

「日本の金持ちの税金は高い」と洗脳する

今、ほとんどの国民はこう思っているのではないでしょうか?

・バブル崩壊以降、日本経済は低迷し、国民はみんなそれぞれに苦しい
・金持ちや大企業は世界的に見ても高い税負担をしている。日本では、働いて多く稼いでも税金でがっぽり持っていかれる
・その一方で、働かずにのうのうと生活保護を受給している人が増加し、社会保障費が増大し財政を圧迫している
・日本は巨額の財政赤字を抱え、少子高齢化で社会保障費が激増しているので消費税の増税もやむを得ない

そして、そういう国民意識の中で、消費税の増税も受け入れた感があります。
しかし、これらも財務省のイメージ戦略に過ぎず、実際は真っ赤なウソだったのです。

財務省のキャリア官僚たちは、天下り先の大企業経営者の機嫌を取らねばならず、必然的に富裕層の税金も優遇しなければなりません。

とはいえ、あからさまに富裕層の税金を優遇すると国民に叩かれてしまうので、「日本の金持ちの税金は高い」というイメージ戦略を繰り広げてきたのです。

その一方で富裕層の税金というのは、こっそり下げられてきたのです。

80年代以降、金持ち（高額所得者）の税金は急激に下げられてきました。しかし、ほとんどの人がピンとこないでしょう。

高額所得者の減税は、まったく宣伝されず密かに行われてきたからです。

ここで金持ちの税金が１９８０年と２０２４年では、どう違うか検討してみましょう。

検討するのは「所得が１億円の人」です。

１９８０年では、所得が１億円の人の所得税率は75％です。そして住民税の税率は13％です。合計して88％の税率が課せられていたのです。

一方、２０２４年の税率はというと、所得税の税率は45％、住民税の税率は10％、合計して55％です。33ポイントも下げられています。

30％以上の大減税なのです。

なぜ富裕層の税金は下げられてきたのかというと、先ほど述べたように財務省官僚が財界の犬であり、財務省官僚自身も富裕層だからです。

そして日本の税金が富裕層に非常に有利になっている典型的なものが、株式配当に対する税金です。

現在、配当に対する税金は、国、地方税合わせても約20%です。配当金がいくらあろうが、これ以上の税金は課せられないのです。

所得1億円の人の税率
（所得税と住民税の合計）

1980年	88%
1985年	83%
1990年	63%
2000年	50%
2024年	55%

国、地方税合わせて税率20%というのは、年収300万〜400万円の人と同程度です。

日本の株主の税金は先進国の中でももっとも安いのです。

多くの国民は気づいていないようですが、日本人が思っている以上に日本では株主は優遇されているのです。株主天国とさえ言っていいほどです。

なぜ投資家の税金がこれほど安いのかという

と、財界などが国に圧力をかけるからです。

財界は、株の税金が安いほうが何かと有利です。財界人自体、そのほとんどが大口の投資家です。財務省のキャリア官僚にとっては財界人はボスであり、彼らの税金を安くすることは財務省キャリア官僚の使命なのです。

財務省の悪知恵ポイント
金持ちの減税はこっそり行えば国民は気づかない

相続税も大減税されていた！

これも、あまり知られていませんが、実は相続税というのは、80年代から一貫して減税され続けているのです。

1988年までは75%だった税率が、2003年の改正でついに50%にまで下げられたのです。あまりに相続税が下げられ、国民の反発があったので、今は若干上げられて55%になっています。

それでも1988年と比べれば、なんと3割近くの大減税なのです。

そもそも相続税を払う人というのは、資産家であり、超金持ちなのです。
そういう人の税金が、世間の知らないうちにせっせと下げられ続けていたのです。
そして一般の国民には「財政が悪化している」などとして、増税や社会保険の負担増を続けてきたのです。

相続税に関しても、財務省は巧みなイメージ戦略を繰り広げてきました。
というのも財務省は、相続税の最高税率ばかりを強調してきました。相続税の最高税率は現在55%です。この最高税率だけを見ると「55%も税金を課せられるのは可哀想だ」と思う人もいるでしょう。財務省のねらい目はそこなのです。

しかし、相続税の内容をきちんと吟味すれば、そんな同情はまったく必要がないことがわかるはずです。相続税には、さまざまな控除が設けられています。

まず3000万円の基礎控除があり、それにプラスして相続する法定相続人一人当たり600万円の控除があります。だから、法定相続人が3人いる場合は、4800万円までは無税ということになります。

そして配偶者が相続した場合は、1億6000万円までは無税です。
また配偶者が相続資産の半分以下を相続した場合も無税です。つまり夫がいくら財産を

相続税の最高税率の推移

	1988年まで	1991年まで	1993年まで	2002年まで	2003年以降	2015年以降
最高税率	75%	70%	70%	70%	50%	55%
対象者	5億円を超える遺産をもらった人	5億円を超える遺産をもらった人	10億円を超える遺産をもらった人	20億円を超える遺産をもらった人	3億円を超える遺産をもらった人	6億円を超える遺産をもらった人

残したとしても、妻はその半分までなら無税で相続できるのです。100億円の遺産があったとしても、50億円まで税金は課せられないのです。

さらに住居などの資産価値は非常に安く見積もられ、相場の1～2割程度でしか換算されないのです。

しかも最高税率が課せられる場合というのは、6億円超の遺産をもらった人だけです。この6億円というのは、遺族全体の話ではなく、相続人一人一人の話です。相続人一人につき6億円を超える遺産をもらった場合に、最高税率の55%が課せられるのです。

だから遺族全体としては、数十億円クラスの遺産がないと最高税率には達しないのです。数千万円～1億円程度の遺産であれば、だいたい10%～20%程度の税率で収まってしまうのです。

少なくとも1988年以前の75%の税率に戻しても、

多くの国民は反対しないはずです。むしろ喝采するはずです。

なぜそれをしないで、国民全体の社会保険料の負担増や消費税の増税を続けるのでしょうか？

それは何度も言うように、財務省にとって富裕層はボスだからです。

財務省の悪知恵ポイント

都合のいい数字だけをピックアップして「相続税は高い」というイメージを植え付ければ、国民は簡単に騙される

長者番付の廃止〜天下りの隠ぺい工作〜

このように財務省のキャリア官僚の本質は「富裕層、大企業の犬」なのです。彼らはその本質を巧みに隠してきました。

たとえば、「長者番付の廃止」もその隠ぺい工作の一つです。

30代以上の人ならば、毎年、春に長者番付というものが発表されたのを覚えているはずです。芸能人やスポーツ選手などの長者番付も発表され、季節の風物詩的なものにもなっていました。

この長者番付、いつの間にか廃止されたというイメージがあると思います。この長者番付が廃止されたのは、小泉政権の時代の2006年なのです。

そして長者番付の廃止も、金持ち優遇政策の一環だったのです。

長者番付というのは正式には、高額納税者公示制度といいます。この制度は、毎年1000万円以上の納税額がある人は、その氏名と納税額を税務署に公示するというものです。納税額が公表されるわけですから、全国でその一覧を集めれば、分野別の高額納税者もわかるわけです。そこでマスコミが各分野の高額納税者を集計して発表するのが長者番付となるわけです。

なぜ高額納税者が公示されていたのかというと、実は脱税を防ぐためだったのです。

戦後の混乱期、脱税が横行しました。当時の税務当局は、調査能力があまりありませんでした。だから世間から脱税の通報をしてもらおうと思ったのです。

長者番付を発表して市民から「あの人は相当稼いでいるのに、長者番付に載っていない」という密告をしてもらおうと考えたのです。

税務当局として、

「ここに公示されている人のほかに、たくさん儲けている人や贅沢《ぜいたく》な暮らしをしている人はいませんか？　そういう情報があったらお寄せください」

ということなのです。

実際に、税務署では密告を受けつける部署がありました。

そして、なぜ長者番付が廃止されたのかというと、高額納税者制度は住所地が公示されるので、犯罪に巻き込まれる危険があるということでした。

しかし、この理由には無理があります。

住所が特定されて危険ならば、住所地は公表せずに国税庁が全国まとめて公示すればいいのです。

長者番付制度は、どれだけ稼いでいるのかを公表されるわけなので、脱税だけではなく、金持ちの経済姿勢に対する強いけん制になっていました。

財務省にとって税収を増やす手段でもあった長者番付を、なぜ廃止してしまったのでしょうか？

それは、彼らの「天下り隠し」が理由の一つだと考えられます。

前述したように財務省キャリア官僚たちは天下りをすることで、たった数年で数億を稼いでいます。所得税1000万円以上を公示されるとなると、彼らも公示されてしまう可能性があります。

財務省キャリア官僚OBが、天下りで巨額の報酬を得ていることがばれると、世間から叩かれることになります。

だから彼らはそれを防ぐために、長者番付を廃止したのではないかと思われます。というより、天下りでの報酬を増額させるために、長者番付を廃止したというのが本当のところでしょう。長者番付が廃止されて以降、財務省キャリア官僚の天下りはさらにひどくなり、報酬も上がったと見られています。

彼らを野放しにすることは、国家の崩壊につながります。いや、すでに日本の崩壊は始まっています。

国会議員のみなさんにぜひお願いしたいのは、キャリア官僚たちの天下りの実体と、報酬の額をつぶさに調査してほしいということです。国会には調査権限があるので、天下りの実体や報酬の額は、すぐに調べることができるのです。官僚たちに命じればいいだけだし、もし官僚がウソの報告をすれば懲罰の対象となります。

むしろ、なぜ今までそういうことをしてこなかったのか、大いに疑問なのです。与党でも野党でもだれでもいいので、ぜひこれをやってほしいものです。天下りの実態調査をしなければ、公務員制度改革など絶対にできないのです。

というより天下りの実態調査をすれば、世間がキャリア官僚の悪事に気づき、キャリア官僚制度など一瞬で吹っ飛んでしまうはずなのです。

少々、脇道にそれてしまいましたが、財務省キャリア官僚の悪知恵を整理しましょう。

「自分たちの後ろめたい利権は、あらゆる手段を使って巧妙に隠す」

「手段は選ばない」

ということです。

財務省の悪知恵ポイント

国民には「余計な情報」は極力与えない 適当な言い訳をつくれば国民はすぐに騙される

国際機関を使って消費税を増税させる

また財務官僚は、国民を洗脳するために「国際機関」を使うという高等テクニックも使います。日本の国民は、お上（政府）にも弱いですが、国際機関にはもっと弱いです。国際機関から提言や勧告があれば、日本国民は素直に受け入れてしまいます。

その国民性につけこみ、国際機関を利用して、国民を洗脳しようとするのです。日本政府が増税をしようとすると国民が反発するので、国際機関から増税を推奨されたということにして増税をしようとしているのです。

なんだか陰謀論のようにも聞こえますが、歴然たる事実なのです。

たとえば2018年4月に、当時のOECD（経済協力開発機構）のアンヘル・グリア事務総長と日本の麻生太郎財務相が会談しました。その中でグリア事務総長が「日本の消費税率は将来的に、OECDの加盟国平均の19％程度まで段階的に引き上げる必要がある」と提言したと報じられました。OECDが日本の消費税増税の提言をするのは、これが最初ではありません。これまでも何度か提言がされています。

しかし、これを鵜呑みにしてはなりません。

OECDというのは、アメリカとその同盟国で形成された経済協力機構であり、一応、国際機関ではあります。でも日本の財務省はOECDに対し、強い影響力を持っているのです。

日本のOECDへの拠出金は、アメリカに次いで第2位です。つまりOECDにとって日本は、重要な資金提供者なのです。そしてOECD内の事務方トップである事務次長には現在、日本の財務省出身の武内良樹氏が就任しています。このポストは、1990年から代々日本人が占めており、しかも2011年からは財務省出身者が代々就いているのです。つまりはOECDの中心部を日本の財務省が握っているといえるのです。

本来、国際機関は日本の消費税などに関心はありません。なのに、なぜOECDが日本に提言をしたのかというと、日本の財務省がOECDに働きかけて、日本に対する提言をわざわざ出させたのです。

つまり財務省は日本国内の不満を抑えるために、「国際機関から勧告があった」という形を取ろうとしたのです。こんなわかりやすい「自作自演」はないのです。

詳細は後ほど述べますが、消費税というのは、財務省の悪知恵の粋を集めた世界最悪の税金です。財務省は、この世界最悪の税金を推進させるために、これまでありとあらゆる手を尽くしてきました。そしてついにはＯＥＣＤまで動員してきたのです。

財務省のキャリア官僚というのは、本当に悪知恵が働くものです。

それにしても財務省キャリア官僚は、日本の官庁を牛耳っているだけではなく、国際機関にも権力を及ぼしているのです。その権力の強大さは、国民の想像をはるかに超えたものだといえます。しかもその権力は表立って認められているものではなく、陰で握っているのだから、たちが悪いのです。

財務省の悪知恵ポイント

国際機関を使えば日本国民は簡単に洗脳できる

郵便はがき

料金受取人払郵便

牛込局承認

9026

差出有効期間
2025年8月
19日まで
切手はいりません

162-8790

東京都新宿区矢来町114番地
神楽坂高橋ビル5F

株式会社ビジネス社

愛読者係 行

ご住所 〒 TEL: ( ) FAX: ( )		
フリガナ お名前	年齢	性別 男・女
ご職業	メールアドレスまたはFAX メールまたはFAXによる新刊案内をご希望の方は、ご記入下さい。	
お買い上げ日・書店名 年 月 日	市区 町村	書店

ご購読ありがとうございました。今後の出版企画の参考に
致したいと存じますので、ぜひご意見をお聞かせください。

書籍名

お買い求めの動機

1　書店で見て　　2　新聞広告（紙名　　　　　　　　　　）

3　書評・新刊紹介（掲載紙名　　　　　　　　　　）

4　知人・同僚のすすめ　　5　上司、先生のすすめ　　6　その他

本書の装幀（カバー），デザインなどに関するご感想

1　洒落ていた　　2　めだっていた　　3　タイトルがよい

4　まあまあ　　5　よくない　　6　その他(　　　　　　　　　　)

本書の定価についてご意見をお聞かせください

1　高い　　2　安い　　3　手ごろ　　4　その他(　　　　　　　　　　)

本書についてご意見をお聞かせください

どんな出版をご希望ですか（著者、テーマなど）

第4章

「消費税」は財務省の悪知恵の結晶

「消費税」は財務省の悪知恵の結晶

これまで財務省が国民をうまく騙して、税金を徴収してきたことを紹介してきました。そして財務省の騙しの技術を結集させたものが、「消費税」なのです。

消費税というのは、世界最悪の税金です。

紙おむつにも宝石にも同じ税率をかけるような、雑な税金は世界のどこにも見当たりません。財政状況のもっとも悪い国でも、生活必需品は低い税率にするなどの配慮が行われています。しかし日本の消費税はそういう配慮がほとんどなく、「格差社会いらっしゃい」というに等しい税金なのです。

しかし財務省側から見れば、こんないい税金はありません。消費税ほど巧妙に国民の金を騙し取るシステムはない、といえるでしょう。

財務省は、これまで消費税を推奨し、強引に日本の税収の柱に据えてきました。最初は、3%からスタートし、徐々に税率を上げるという方法です。現在は、財務省の思惑どおりに国の税収の中でもっとも大きいものとなっています。

なぜ財務省は消費税を推奨してきたのでしょうか？

それは、財務省にとって消費税がもっとも都合のいい税金だったからです。

まず消費税は、客（納税者）が文句を言えないシステムになっています。そもそも消費税は、払う人と、受け取る人が顔を合わせない「顔が見えない税金」です。消費税というのは、支払っている者と納税する者が違います。

消費者は買い物をするときに、事業者に税金を納めます。事業者は消費者から預かったものを納めます。消費者は税金が高いと思っても、事業者に文句を言うわけにはいきません。

事業者も、消費者から預かったものを納めるだけという建前なので、税務当局に文句を言うこともできないのです。

これは税金を取る側にとっては、とても都合のいいことです。税金に対する苦情を受け付けなくていいし、徴税するときの心理的負担も少ないからです。

つまり消費税は文句を言う人が少ないのです。

そのため増税しやすい税金でもあります。

増税しても消費者にとっては、買い物のときに支払う金が増えるだけであり、税金を払っているという感覚がしません。増税のダメージは後から効いてくるので、当初は文句を言わないのです。そして事業者は預かる税金が増えるだけなので、増税に文句を言う筋合いではないからです。

ただし徴収する側にとって、「顔が見えない税金」「文句を言われにくい税金」というのは、無駄遣いしやすい税金でもあります。

だれが払ったかよくわからないけど、なんとなく入ってくる。そういうお金がもっとも無駄に使われやすいのです。

直接税ならば、納税者は払うときに痛みが伴うものです。取る側も、納税者の機嫌を損なわないように納得してもらって取らなければならないし、使い道に気を配らなければ払ってもらえなくなります。

しかし消費税の場合、文句を言ってくる人が少ないので必然、使い方もぞんざいになります。消費税は、高齢者福祉対策を目的にする建前で導入されましたが、そういう使われ方が一切されていません。

消費税は、税金を取る側にとって非常に都合のいい税金なのです。

財務省の悪知恵ポイント

納税者（客）が直接文句を言えない仕組みをつくれ

消費税は、不景気のときでも税金を取れる

しかも消費税は「不景気のときでも取れる」税金なのです。

財務官僚から見れば、消費税は一番、財源として安定しているのです。

所得税や法人税というのは、景気の動向で税収が大きく左右します。

しかし消費税というのは、それほど景気に左右されません。

というのも景気が良くても悪くても人は生きていく限り、一定の消費をしなければなりません。

そこに税金をかければ、取りっぱぐれがないのです。

たとえば収穫に対して税金をかけるなら、収穫が多いときと少ないときでは税収に大きな差が出ます。収穫が少ないときには、ほとんど税金を取れないこともあります。

しかし人が食べるものに税金をかけるならば、税収は安定します。

つまり、命の根源に税金を課しているのが消費税なのです。

日本人は日本で生きていく限り、消費税を払わなくてはなりません。消費税は官僚にとって「確実に取れる税金」なのです。

もちろん、消費税も景気の影響は少しは受けます。でも、どんなに景気が悪くても、人は必ず一定の消費をしなければなりません。

収入が多かろうが、少なかろうが、増えようが増えまいが、人は食べずにはいられないからです。だから消費税は、必ず一定の税収を得ることができるのです。

官僚の仕事というのは、国の財源を安定的に確保することです。そのためには、消費税はもっとも都合がいいのです。

また消費税が官僚にとって都合がいいのは、もう一つ理由があります。

大きな選挙があるときには、与党の政治家は所得税や法人税などの減税を約束したがるのです。

選挙民のご機嫌を取るためです。

しかし減税をされると財源が確保されず、官僚としては困ってしまいます。

それに比べて消費税は減税されにくいのです。消費税は、国内の取引全部に関係するものであり、システム的に言ってそう簡単には減税できません。政治家も当然、それはわかっているので消費税の減税までは、そうそう口に出しません。

つまり所得税や法人税は、政治家の都合によって税収が増減してしまうのに対して、消費税にはそれがないのです。

だから財務官僚にとって消費税は、都合のいいものなのです。

財務省の悪知恵ポイント

国民生活などは一切考えず、ただただ安定的にお金を取れる仕組みをつくれ

「消費税は公平な税金」と国民に信じ込ませる

財務省は、「消費税は買い物をしたときにだれもが同じ税率で払うのだから、公平な税金」ということをさんざん喧伝してきました。

「金持ちはたくさん買い物をするし、高いものを買うから支払う消費税も多くなる」

「貧乏人は消費額は少ないし、安いものしか買わないから支払う消費税は少ない」

これらの言葉にまんまと騙されてしまった人は多いのではないでしょうか？

確かにだれもが自分が買い物をした分だけ同じ税率で払うのだから一見、公平のように見えます。

しかし消費税の本質は、「金持ちほど税負担割合が少なくなる逆進（本来とは逆に進む）税」なのです。

簡単に説明しましょう。

消費税というのは、消費をしたときにかかる税金です。

ということは収入のうち消費に回す割合が高い人ほど、負担率は高いことになります。

低所得者は、収入のほとんどを消費に回さなければならないので、低所得者がもっとも負担率が高くなるのです。

一方、金持ちは自分の収入のうち消費に回す分は限られているので、消費税の負担率は低くなります。

たとえば年収300万円の人と、年収3000万円の人を比べてみましょう。

年収300万円の人は収入のほとんどを消費に回してしまうので、消費税の支払額は、ほぼ30万円です。つまり収入に対して、ほぼ10％の税金を払うことになります。

一方、年収３０００万円の人は収入の半分くらいは預金や投資に回すことが可能です。もし半分を預金や投資に回した場合、支払う消費税は１５０万円です。収入に対して５％の税金で済むのです。

つまり年収３００万円の人は、年収３０００万円の人の倍の割合で税金を払うことになるのです。

これを直接税に置き換えれば、この税金がいかに不公平かわかります。

個人の直接税である所得税は、累進（数量の増加に従い比率が増す）課税になっています。現在は所得が高額になるほど、５％から45％まで税率が段階的に上がるようになっています。

所得が大きい人ほどお金の余裕があるので、税率が高く設定されているのです。この累進課税を敷くことで、格差の解消を図っているのです。

この制度は、近代になって世界各国で取り入れられたものです。それ以前、累進課税制度を取っていなかった時代には貧富の格差が大きく、それが社会騒乱や革命につながりました。そこで人類の知恵として、所得が大きいものほど負担を大きくするという税制をつくったのです。

これがもし逆に、所得が高くなるごとに税率が下げられたら、どうでしょう？

絶対、国民から大反発が起きるはずです。

でも、これと同じことを、現実にやっているのが日本の消費税なのです。

つまり消費税というのは、収入のほとんどを消費しなければならない低所得者にもっとも高い税率を課し、貯蓄や投資をする余裕のある人ほど税率が低くなるのです。

こうなれば、格差社会になって当然なのです。

これほど明確に逆進性になっているにもかかわらず、なぜ国民は消費税を受け入れたのでしょう？

間接税である消費税は、その徴収の仕組みがわかりにくくなっています。そこに誤魔化《ごまか》されて、この不公平な部分については、あまり国民が理解していないのです。

財務省の騙しの手口に、まんまと引っかかっているわけです。

財務省の悪知恵ポイント

デメリットは巧妙に隠せ
複雑な仕組みをつくれば国民は騙されたことに気づかない

「一回の支払いの負担感は少ない」というトリック

「消費税は国民に負担感を感じさせることなく、広く浅く取ることができる税金」

国は、こう喧伝してきました。

これは、ある意味、事実です。

確かに消費税というのは、直接税に比べれば、払うときに負担感が少ないのです。

直接税は一回で払わなければならないので、負担感が大きいのです。

しかし消費税は、買い物するごとに何百回、何千回と払うものなので、一回の支払いにおいての負担感は小さいのです。

人は年間に何百回、何千回も物を買ったり、サービスを受けたりします。その都度に少しずつ取っていく税金なのです。一回、一回こまめに取るので、国民は一回当たりには、あまり負担感を感じないのです。

これは、ネットビジネスとも似たようなところがあります。

インターネットでは、いろんな会員制のサイトがあり、一回当たりの会費は非常に安いものです。月200円とか300円とかでオークションに参加できたり、音楽データを取り込めたり、動画を見られたりします。そんな気安さから、ついつい入ってしまう人も多いのです。

消費税には、そういうビジネスモデル的な面もあります。

だからといって消費税が本当に国民にとって、いい税金だということではありません。

消費税は一回、一回の支払いでは大した影響はありませんが、長期間にわたって確実に家計に影響を与えるものなのです。

ローンのことを考えてみれば、わかるはずです。

ローンで買い物をすれば一回、一回の支払額は小さいので、当初は負担感が少ないです。しかし何度も何度も支払わなければならないので、そのうちに負担感が増してきます。

だから消費税は、家計の消費を削る税金なのです。

実際、消費税が導入されてから、消費は落ち込んでいるのです。

90年代末、日本の景気は一瞬、回復しかけましたが、消費税の税率アップで吹っ飛んでしまったことは、記憶にあるはずです。

また昨今もアベノミクスで景気が上向きかけたのに、消費税の増税（2019年）によってそれが消し飛んだ感があります。

消費税は確実に国民の懐を痛め、経済力を衰退させるのです。その害は弱いものから影響を受けます。そしてボディーブローのように後から後から効いてくるのです。

財務省は国民生活が打撃を受けようと、そんなことは知ったことではありません。

財務省の悪知恵ポイント
一回一回が少額であれば国民はあまり文句を言わない
一回一回は少額でも回数を重ねれば莫大な金額になる

なぜ消費税はつくられたのか?

さて消費税がどのようにしてつくられたのか、簡単にご説明しましょう。

今から20年前の話です。

とある大蔵官僚(現在の財務官僚)が、フランス旅行中に買い物をしました。あとでレシートを見ると買い物をした額の中には税金が含まれていました。買い物をしているとき、知らぬ間に税金が取られていたのです。

これを見て、「これはいい税金だ」と、その官僚は思いました。

そして日本に帰って早速、この消費税を導入するように働きかけた。それが消費税の始まりです。

これは事実なのです。


官僚は、なぜ「消費税はいい税金だ」と思ったのでしょうか?

それは、大蔵官僚としての事情がありました。

前述のように財務省キャリア官僚(当時は大蔵官僚)の本当のボスは天下り先の財界なのですが、財界から繰り返し法人税や高額所得者の税金を下げろという要求があったのです。大蔵官僚としては、これに応えるために法人税、所得税の減税分を賄える税金を新たにつくらなければならなかったのです。

そこで見つけたのがフランスの消費税だったわけです。

税金というのは、取られる側から文句が出るものです。何度か述べたように増税をすると、必ず国民から反発されます。

しかしフランスでは、買い物をするときに消費税を払っても、だれもそのことで文句を言ったりしませんでした。

だから消費税は、だれにも文句を言わさずに、自動的に税金が取れると思ったのです。

また先ほども述べたように、所得税や法人税などの「直接税」は政治家が選挙対策として減税することが時々あります。国民の機嫌を取るために、一時的に税金を下げるのです。

しかし選挙の度に減税をされていては、安定した税収を得ることができません。

大蔵官僚としては安定した税収を得るために、なかなか減税できず、税率も上げやすい税金が必要だったのです。

消費税はそれにうってつけだったのです。まさに消費税は、大蔵省にとって「理想のビジネスモデル」だったのです。

ところが、この大蔵官僚は、フランスの消費税の「重要な部分」を日本に持ってきませんでした。フランスの消費税は、生活必需品は非常に低く設定され、贅沢品には高率が課せられていました。つまり低所得者に負担が少なくなるよう、高額所得者からより多くの税金を取るように設計されていました。フランスの消費税はその部分が、世界からもっとも評価されていたのです。

日本の大蔵官僚は、そのもっとも重要な部分には目を向けませんでした。日本の大蔵官僚にとって、税収を確保さえすれば国民生活などはどうでもよかったのです。

財務省の悪知恵ポイント
税収を確保さえできれば国民生活はどうでもいい

消費税のプロパガンダ作戦

大蔵官僚がフランス旅行で思いついた間接税の構想は、すぐにうまくいったわけではありません。

この構想をもとに大蔵省は、何度か大型間接税を導入しようとしましたが、その都度に国民の大反発にあってつぶれてしまったのです。

そこで大蔵官僚たちは、どうしたでしょうか？

「日本には間接税が必要だ」

ということをいろんな角度から大々的にプロパガンダしはじめたのです。

消費税の導入というのは、財務省のプロパガンダ作戦の賜物《たまもの》だといえます。もっといえば消費税というのは、財務省のプロパガンダの技術を結集させたものといえます。財務省の騙しのテクニックを具現化したものが、消費税なのです。

消費税導入のプロパガンダは、大まかに言って二つの論旨がありました。

一つは、少子高齢化問題です。

日本はこれから少子高齢化社会を迎えるので、財源が足りません。だから増税が必要なのです、と長期間にわたって訴え続けたのです。

もう一つは、「日本は諸外国に比べて間接税が低い」ことです。

諸外国はもっと高い間接税を払っています、だから日本はもっと間接税を上げるべきです、と何度も何度も繰り返し、喧伝したのです。

その喧伝が功を奏し、国民はだんだん消費税について許容するようになっていきました。

財務省の悪知恵ポイント

ウソでも何度も繰り返し宣伝広告すれば国民は洗脳される

消費税は社会保障、福祉などには使われていない

しかし財務省の消費税に関するプロパガンダは、実は真実ではありません。単に消費税を導入するための方便として言っていたに過ぎないのです。まさに「騙しのテクニック」だったのです。

財務省がいかにして騙したかを少し追究してみましょう。

まず「高齢化社会を控えているので新たな財源が必要」というプロパガンダについてです。

これを聞いて、国民は渋々ながら納得したようです。確かに日本は高齢化社会に突入する。そのためお金もたくさん必要なのだろうと、お人好しな日本人は思ってしまいます。

しかし消費税の導入後の国家予算を検討すれば、消費税が高齢化社会のために使われていないということは明白なのです。

消費税の導入で、新たに10兆円の財源となりました。

しかし、ほぼ同時期に行われた大企業や高額所得の減税で、その10兆円は消し飛んでし

まったのです。

またその後も消費税が増税されるたびに、法人税や高額所得者の税金は引き下げられてきました。所得税の税収は1991年に26・7兆円以上ありましたが、2018年には19兆円になっています。法人税は1989年に19兆円ありましたが、2018年には12兆円になっています。

つまり所得税と法人税の税収は、この30年の間に約15兆円も減っているのです。

一方、現在の消費税の税収は約20兆円です。

つまり消費税の税収の大半は、所得税と法人税の減税分の穴埋めで使われているのです。

そして消費税が導入された後、高齢者福祉が充実したようなことはなく、社会保険料はたびたび引き上げられ、さらに新たに介護保険まで取られるようになってしまいました。

結局、消費税は福祉のために使われたのではなく、大企業と高額所得者に使われたのです。見事に財務官僚たちは、財界の期待に応えたというわけです。

財務省の悪知恵ポイント

国家予算の細かいことまでは国民は見ていない

「日本の消費税は世界的に見て低い」というウソ

次に、消費税を導入する際に使われた「日本は先進国の中で直接税の割合が高すぎるので、間接税を増やさなければならない」というプロパガンダについて検討してみましょう。

確かに先進国には、日本よりも間接税の割合が高い国も多いです。

しかし、この論にはトリックがあります。

というのもヨーロッパの経済状況と日本の経済状況はまったく違うので、単純比較はできないのです。

消費税の税率だけを比べれば、イギリス17・5％、フランス19・6％、北欧諸国25％前後であり、日本の消費税よりもかなり高いといえます。

ところがイギリス、フランス、ドイツでは軽減税率が細かく設定され、食料品や生活必需品は極端に税率が低いなどの配慮がされています。

イギリスでは標準税率20％ですが、燃料や電気などは5％、食料品、飲料水などは0％となっています。

フランスでは標準税率20％ですが、食料品などは5・5％、医療品などは0％となっています。

ドイツでは標準税率17％ですが、食料品などは7％になっているのです。

このように間接税が高い国は、低所得者や零細事業者に手厚い配慮をしているのです。

日本でも2019年10月の増税から軽減税率が適用されています。ただし日本の場合、軽減税率と言っても一部の商品が8％に据え置かれるだけですから、たった2％の軽減でしかないのです。

日本の消費税のような雑な間接税は、世界的に見ても珍しいのです。

財務省の悪知恵ポイント

都合のいい情報だけを流し、都合の悪い情報は絶対出さない
世界の税金のことなど国民は知らないので適当なことを言っても大丈夫

「消費税は大型間接税ではない」という騙しの手口

消費税導入の際に他にも国は巧妙なプロパガンダを仕掛けました。

その一つが、「消費税は中小企業にはかけないので大型間接税ではない」という宣伝文句です。

消費税は導入当初、3000万円以上の売上がある事業者しか納税義務がありませんでした。売上が3000万円に満たない零細事業者は消費税を納付する義務がなかったので、小さな商店などに対して、消費税はかけられていませんでした。

そのため「消費税は大型間接税ではない」ということだったのです。

なんだかよくわからない主張でしたが、国民はこの宣伝文句に丸め込まれてしまいました。

しかし、これもウソだったのです。

零細事業者を免税にしていたのは、最初のうちだけだったのです。

平成16年（2004年）からは消費税の免税額が引き下げられ、1000万円以上の売上がある事業者は、消費税の納付義務が生じるようになりました。

普通に事業をしていれば、零細事業者でも売上は1000万円以上になるものなので、ほとんどの事業者に消費税の納税義務が課せられたわけです。

そして令和5年（2023年）のインボイス制度導入によって、「売上1000万円以下免税」の制度も骨抜きにされてしまったのです。インボイス制度では、「売上1000万円以下の免税業者」の免税された消費税を、取引先に負わせようという仕組みがあります。なので、「売上1000万円以下」の事業者であっても、あえて免税の権利を捨てて、課税事業者にならざるをえなくなったのです。

つまり、これで消費税は完全に「大型間接税」となったのです。

財務省としては、最初は国民にエサを与えておいて飼い慣れてきたところを捕まえて料理してしまう、という感じなのです。

インボイスの仕組み

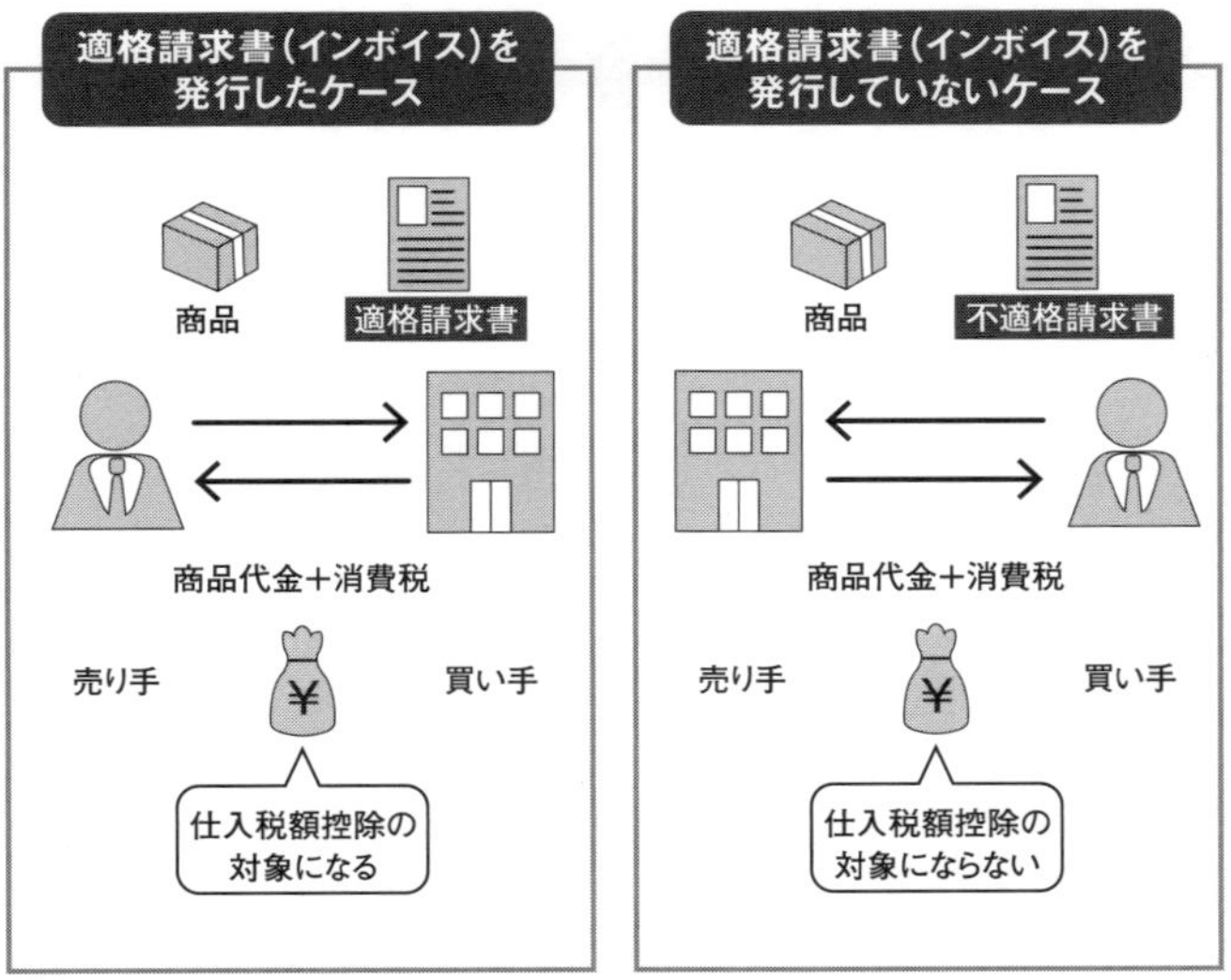

財務省の悪知恵ポイント

最初は緩い条件を提示して安心させ徐々に締め上げていく

消費税は世界最悪の税金

前項で述べたように2023年のインボイス制度の導入により日本の消費税は、低所得者や零細事業者にまったく配慮のない税金になってしまいました。

世界の多くの国で消費税のような間接税が導入されており、日本よりも税率が高い国はたくさんあります。

ところが日本の消費税のように、低所得者や零細事業者にまったく配慮のない間接税というのは、世界的に稀なのです。

何度か触れたとおり消費税は、低所得者ほど「税負担率」が高くなる「逆進税」です。

また消費税は零細事業者にとっても負担の大きいものです。

消費税の建前としては「消費者（客）に負担してもらう税金」ということになっています。つまり事業者は、消費税分を価格に転嫁すればいい、というわけです。

しかし零細事業者の場合、そう簡単には価格に転嫁できません。たとえばフリーランスなどが請け負う料金は、フリーランス側が決めることはほとんどなく、発注側が一方的に決めてくるものです。

そして消費税が上がったからといって、料金が上がるとは限りません。

決められた料金の中に消費税も含まれているという建前になっているので、零細事業者としては文句のつけようがないのです。下手に文句をつけようものなら、仕事を発注してもらえなくなったりします。

つまり消費税というのは、低所得者や零細事業者にもっとも負担が大きい税金なのです。

その点、間接税を導入している世界中の国々は、それを承知しています。だから間接税を導入している国は、低所得者や零細事業者にさまざまな配慮をしています。

まず間接税を導入している国の多くでは、前にご紹介したように生活必需品などは非常に安い税率であったり、税率をゼロにするなどの配慮があります。

しかも間接税の高いヨーロッパ諸国などは、日本とは段違いに低所得者の社会保障が行き届いています。

イギリスでは生活保護を含めた低所得者の支援額がＧＤＰの４％程度にも達します。フランス、ドイツも2％程度あります。

それに対して日本では0・4％程度なのです。

欧米の先進国では、片親の家庭が現金給付、食費補助、住宅給付、健康保険給付、給食給付などを受けられる制度が普通にあります。

また失業者のいる家庭には、失業扶助制度というものがあります。失業保険が切れた人や、失業保険に加入していなかった人の生活費が補助されるのです。

日本の失業保険は最大でも一年間程度しかもらえず、後は非常にハードルの高い「生活保護」しか社会保障はないのです。

だから日本では、他の先進国に比べて経済理由による自殺が非常に多いのです。

財務省の悪知恵ポイント
国民がどれだけ死のうが関係ない

もっとも財政が悪化している国でも日本の消費税よりはマシ

しかも、こういう配慮は、先進国だけではありません。

間接税を導入しているのです。実施されているのほとんどで、実施されているのです。

財政事情が非常に悪い国々でも、ある程度の配慮はあるのです。

世界でもっとも財政状況が悪いとされる国の消費税（付加価値税）を見てみましょう。

まずはアルゼンチンです。

アルゼンチンは慢性的に財政が悪化しており、2020年にも政府が債務不履行に陥っています。同国が債務不履行に陥ったのは実に9度目であり、現在IMF（国際通貨基金）の支援を受けて財政再建を行っています。

財政は世界で最悪レベルと言っていいでしょう。

このアルゼンチンの付加価値税の基本税率は21％です。ですが生鮮食料品はその半分の10・5％です。そして飲料水、書籍などは0％なのです。

次にスリランカを見てみましょう。

スリランカも2022年に財政破綻をし、現在IMFの支援を受けています。

スリランカの消費税（付加価値税）は、財政悪化の影響で2022年9月に12％から15％に引き上げられました。

それでもスリランカでは、年間売上8000万ルピー以下の中小企業に対して付加価値税の納税を免除しています。

8000万ルピーというのは、日本円で約3500万円です。この免税制度により、個人商店などのほとんどは消費税の納税を免除されているのです。

このように世界でもっとも財政事情が悪い国でも、低所得者や零細事業者に配慮がなされているのです。

日本の消費税のように、どんな商品にもほぼ一律の税率をかけ、どんな零細事業者にも納税義務を負わせるという乱暴で雑な税金は、世界のどこにもないのです。

なぜ日本ではまっとうな間接税がつくれないのか？

それにしても、なぜ日本では諸外国のような丁寧な間接税がつくれないのでしょうか？

その原因に、財務省の無責任さがにじみ出ているのです。

消費税導入の際、日本でも生活必需品などを非課税にする案がありました。

しかし非課税品目をつくると、いろんな業界が自分の商品を非課税にしろと運動をしてくるのです。

日本の各業界には「族議員」と呼ばれる、その業界の利益を代弁する政治家がいます。

そういう政治家が暗躍し、「うちの業界は非課税にしてくれ」「うちの業界の税率は下げてくれ」と言っているのです。

それをいちいち受けていると、課税品目がどんどん減ってしまう。それで、いろいろなところから文句が出ないようにほぼ全品目を課税対象にし、税率も一律にしてしまったわけです。

「みんな一緒なら文句はないだろう」ということなのです。

この一律課税方式はあまりにも批判が大きかったので、現在は食料品などの一部の品目がわずか2%だけの軽減税率が設定されたのです。

他の先進諸国でも間接税の非課税品目や税率の多寡を決める際は、もめたはずです。

しかし、それをやらないと、ゆくゆくは国民経済に悪い影響が出る、難しいけれども、それをやるのが政治であり、行政のはずです。

世界中のほとんどの国は、それができているのです。日本だけができないのです。

「生活必需品の税率を低くする」ことは貧富の格差の解消にもつながります。

収入のうちに占める生活必需品の割合は、低所得者ほど大きくなります。だから生活必需品の税率を下げることは、すなわち低所得者の負担を軽くすることにつながるのです。

しかし日本ではこれができておらず、トイレットペーパーもダイヤモンドも同じ税率になっているのです。

そして「日本の消費税が低所得者に配慮がない」ことは理論だけではなく、現実の結果ももたらしています。

消費税が導入される前の日本は1億総中流と呼ばれ、「低所得者、貧困層がいない国」とされていました。

ところが今の日本はOECDの中でも最悪レベルの「貧困者が多く、格差が大きい国」となっているのです。

日本は衰退すべくして衰退しているのです。その大きな要因が財務省の無能さであり、ひいては財務省キャリア官僚たちの無責任な自己利権主義なのです。

大企業は消費税で得をしている

実は消費税は、大企業にとって非常に都合のいい税金です。

政治家は、財界から多額の献金を受けています。財界の言うことを聞かざるを得ません。

だから消費税を強引に進めてきたのです。

消費税が大企業にとってどういうふうに都合がいいのか、もっともわかりやすい部分をご説明しましょう。

多くの人には、信じられないことかもしれませんが、輸出企業にとって消費税は、払うものじゃなくてもらうものなのです。

「消費税をもらう?」

ほとんどの人は、何のことかわかりませんよね?

消費税には、不思議な仕組みがいくつもあります。

そのうちの一つに、「戻し税」というものがあります。

消費税というのは、国内で消費されるものだけにかかる建前になっています。

だから輸出されるものには、消費税はかからないのです。ところが輸出されるものというのは、国内で製造する段階で材料費などで消費税を支払っています。そのため「輸出されるときに、支払った消費税を還付する」のが戻し税というものなのです。

まあ、消費税の建前上の仕組みからいえば、この戻し税というのは、わからないことでもありません。

輸出企業は、製造段階で消費税を払っているのに、売上のときには客から消費税をもらえないので自腹を切ることになります。

それは不公平だということです。

しかし現実的に見ると、この制度は決して公平ではないのです。

というより、この戻し税は事実上、輸出企業への補助金となっているのです。

というのも輸出企業の多くは、製造段階できちんと消費税を払っていないからです。つまり消費税を払っていないのに、戻し税だけを受け取っているのです。しかも、その戻し税の額というのがハンパではないのです。

企業がモノを製造するときは、大企業→下請け企業→孫請け企業というピラミッド的なシステムとなっています。

当然のことながら、下請け企業や孫請け企業は非常に立場が弱いのです。

下請け企業や孫請け企業は、価格に消費税を転嫁できないのです。製造部品などの価格は、下請け企業が勝手に決められるものではなく、発注元と相談して決めるものです。

となると、力の強い発注元の意見が通ることになります。必然的に消費税の上乗せが難しくなります。消費税が増税されたからといって、下請け企業はなかなか価格転嫁はできないでしょう。

つまり発注元の企業は事実上、消費税を払っていないのと同じことなのです。

となると、輸出企業は製造段階で消費税を払っていないにもかかわらず、戻し税だけをもらえることになるのです。

しかも、その戻し税の額というのが異常に大きいのです。

次ページの表は、日本の輸出企業上位10社が消費税でもらっている「戻し税」の額です。

２０２０年度の第１位のトヨタは、約４６００億円もの戻し税を受けているのです。

現在、トヨタは円安により輸出好調のため、２０２０年レベルよりもかなり売上増が見込まれています。だからトヨタの戻し税は、さらに増えることが予想されています。

消費税の税収は約20兆円です。20兆円しか税収がないのに、そのうちの1兆円以上を大企業に戻し税として払うのです。

こんなバカバカしいことはないといえるのです。

この戻し税は、事実上の大企業への補助金といえます。

財務省の悪知恵ポイント

自分たちのボスにはとことん貢ぐ

財務省が、いかに大企業の方しか向いていないのか、これでよくわかると思います。

主な輸出企業の還付金

	2020年度の消費税還付金
トヨタ自動車	4578億円
本田技研	1681億円
日産自動車	1628億円
マツダ	957億円
村田製作所	758億円
豊田通商	636億円
スバル	607億円
三菱自動車	600億円
キヤノン	525億円
パナソニック	472億円
合計	1兆2442億円

（湖東京至元静岡大学教授の試算による）

なぜ物品税は廃止されたか？

実は消費税が導入される前、日本には物品税という税金がありました。

これは贅沢品にかかる税金で自動車、ＡＶ機器、宝飾品などにかけられており、現在の消費税の20％程度の税収がありました。

そして、この物品税は国民生活に根づいており、重税感もそれほどなかったのです。物品税は贅沢なものを買わなければ、かかってこない税金だったからです。

この物品税には、貧乏人ほど税負担が高くなるという逆進性もなかったし、トイレットペーパーとダイヤモンドに同じ税率が課せられるという矛盾もなかったのです。

物品税はごく一部の物品にしかかかっていなかったので、この範囲を広げることで消費税程度の税収は得られたのです。

普通に考えれば、消費税の導入などせずに、物品税を少し拡大すればよかったのです。

なのに、なぜ物品税は廃止され、消費税が導入されたのでしょうか？

物品税が課せられている業界から強い圧力がかけられたのです。特に自動車業界の圧力は非常に強いものでした。

だから国は物品税を廃止し、消費税を導入したのです。

また消費税とともに廃止された税金に、地方特別消費税というものがありました。

これは高級料理店などに課せられていた税金です。しかし消費税が導入されて、地方にもその税収が移譲されることになったので廃止されました。

この特別地方消費税も高額な料理を食べなければかからない税金だし、高いものを食べたときはある程度税金を払っても仕方ないだろうということで、重税感もなく国民生活に根づいていました。

にもかかわらず特別消費税が廃止されたのは、やはり業界団体から圧力がかかったのです。

財務省は大企業の言いなりであり、そのしわ寄せが全部国民にくるということです。その象徴が消費税なのです。

財務省の悪知恵ポイント

強い者の要求にはすぐに応えよ

第5章

自分の手を汚さずに困窮者を殺す

困窮者への支出は極力抑える

財務省は、国民からお金を騙し取っている一方で、国民にはなるべくお金を使わせないようにします。

その最たるものが福祉予算であり、生活保護関連費です。

歳入面での財務省の悪知恵の結晶が消費税ならば、歳出面での悪知恵の結晶は生活保護費だと言えます。

「生活保護って、本当は働けるのにズルしてお金をもらっている人たちばかりじゃないの？」

と思った人、財務省の策略にまんまと引っかかっていますよ。

財務省キャリア官僚たちにとって、生活保護費というのは一番無駄なお金なのです。

財務省は、さまざまなところに金をばら撒かなくてはなりません。実質的な財務省のボスである財界の人たちには、補助金という名目で上納金を納めなくてはなりませんし、名目上のボスである国会議員には、選挙区の公共事業費などの予算を振り分けてやらなければなりません。また各省庁の役人たちに言うことを聞かせるためにも、予算を割かなくてはならないのです。彼らは、財務省キャリア官僚たちにとって役に立つ存在だからです。

しかし財務省にとって、生活保護費は無駄でしかありません。

なぜなら生活保護費を受給する人というのは、困窮者です。財務省キャリア官僚たちにはまったく関係のない人たちであり、利用価値はまったくないのです。だから生活保護費は絞るだけ絞ってもいいのです。

生活保護というのは、日本国民にとっては憲法に定められた最低限度の権利であり、生活をしていく上での最後のセーフティーネットです。財務省はその重要な権利を侵害しつつくしているのです。

そして財務省は生活保護費を削りやすくするために、生活保護の不正受給者の情報ばかりを喧伝してきました。そのため国民の間では、「生活保護はズルをしている人ばかり」というイメージがついてしまっているのです。

しかし本当はそのまったく逆で、本来生活保護を受けられるはずなのに、受けていない人のほうがはるかに多いのです。

日本人は皆、日本の社会保障は先進国並みだと思っています。

しかし、これは大きな勘違いなのです。

驚くべきことに日本は先進国と比べれば、生活保護の支出も受給率も非常に低いのです。

左の表は、先進主要国で貧困者のうち生活保護を受けている人の割合を示したものです。

先進主要国の多くが１００％近い保護をしているのに対し、日本は20％台と明らかに低いのです。フランスは１００％を超えていますが、これは貧困者と分類されていない人々にも公的扶助が及んでいるということです。


イギリス、フランス、ドイツ、アメリカなどの先進国では、要保護世帯のほとんどが生活保護を受けているのに、日本では本来は生活保護を受けるべき状況なのに受けていない人が、生活保護受給者の4倍もいるというのです。

そもそも要保護世帯なのに、生活保

貧困者が生活保護を受けている割合

アメリカ	76.7%
イギリス	61.8%
フランス	139.4%
ドイツ	100%
日本	22.9%

出典：（「生活保護法から生活保障法へ」生活保護問題対策全国会議著・明石書店）

護を受給していない（受給できていない）というのは、先進国ではあり得ないことなのです。

欧米の先進国では、日本よりもはるかに多くの移民や難民を受け入れており、生活保護の受給漏れのほとんどは、移民や難民なのです。そしてボランティア団体などが、貧困者を救済する際に、まず国籍を取ることを優先します。欧米の先進国では、国籍さえ取れば福祉の恩恵を受けられ、路頭に迷うことがなくなるからです。

欧米よりもはるかに移民や難民が少ない日本で、なぜ生活保護の受給漏れが生じているのでしょうか？

もちろん、日本で生活保護の受給漏れとなっているのは、そのほとんどが純然たる日本人です。日本の場合は、日本の国籍を持っていても国の福祉の恩恵を受けることができないわけです。

その最大の原因は、財務省の予算策定方法にあるのです。

財務省の悪知恵ポイント

自分たちに何の利ももたらさない人たちへの支出は極力抑える

なぜか不正受給ばかりが報道される

生活保護というと、不正受給ばかりが報道されます。

しかし、日本では生活保護のもらい漏れは、1000万人近くいると推定されています。本来は生活保護を受給できるレベルの収入しかないのに、生活保護を受給していない人がこんなにいるのです。

その一方で不正受給者というのは、せいぜい2万～3万人です。

どちらが大きな問題なのかは火を見るより明らかです。

しかし、日本では、不正受給の2～3万人ばかりのことが大きく取り上げられ、受給漏れとなっている1000万人近くの困窮者のことはなかなか取り上げられません。

ここに財務省の悪知恵が詰まっているのです。

生活保護に関しては、役所の窓口が生活保護の支給を渋り、生活保護が受けられずに、餓死したり、強盗事件を起こす事態が時々生じます。

それもこれも財務省が自治体の役所に暗黙の圧力をかけ、生活保護の支給を渋るように働きかけているからなのです。

財務省はなぜ生活保護ばかりを悪宣伝し、予算を削ろうとするのでしょうか？

ここに、財務省の予算に対する姿勢が如実に表れているといえます。

財務省というのは声の大きいもの、国に圧力をかけてくるものに対して非常に優遇します。そして文句を言わない人、国に文句を言えないような弱い立場の人に対しては、非常に厳しい態度を取るのです。

国の予算というのは、あちこちに利権が絡んでいます。

まず各省庁が予算を押さえます。省庁に関係する企業、団体などが予算に対して利権を求めてきます。それらの企業、団体などは、政治家と密接なつながりを持っています。そして、それらの企業や団体は、財務省キャリア官僚の重要な天下り先になっています。だから、そういう予算は削ることができないのです。

その利権は、1円単位で網が張られているといえます。そして税収が1円増えれば、その1円もたちまち利権に組み込まれてしまうのです。国家予算はいつも1円の余裕もないといっていいでしょう。

ところが生活保護受給者は、国に何も文句は言いません。政治献金もしませんし、財務省の天下りを受け入れることもありません。団結して選挙などで影響力を持つこともないのです。

だから生活保護の予算は、財務省にとって非常に削りやすいのです。この予算を削っても、自分たちが損をすることはないからです。

でも生活保護を削るというと、弱いものイジメのようなイメージとなってしまいます。そのため生活保護受給者に関するネガティブ・キャンペーンを張り、「悪いのは生活保護受給者」という世論をつくり上げてから、生活保護費を削減するのです。

財務省の悪知恵ポイント

歳出は削りやすいところ（弱い立場の人たち）からとことん削れ

自治体に責任を負わせる

では財務省はどうやって、各自治体の役所に圧力をかけているのでしょうか？

本来、生活保護というのは、憲法で定められている国民の権利なので、国が責任を持ってやらなければならないことになっています。

ところが現在、生活保護制度は、地方自治体が窓口となっているのです。

そして予算の面でも、国と自治体が出し合うという形になっています。

本来、生活保護費は、国が全部出さないとならないはずなのです。憲法で定められた国民の権利であり、地域によって生活保護が受けやすい、受けにくいなどのばらつきがあってはならないからです。

しかし実際は生活保護の費用は、4分の3を国が出し、4分の1を地方自治体が出しているのです。

地方が支出している4分の1は、国から出されている地方交付税で賄われていることになっています。だから建前の上では、国が全部出していることになっています。

しかし、ここがキモなのですが、地方交付税は、生活保護費に関してひも付きで支給されているわけではないのです。

「生活保護費は地方交付税の中で賄ってくれ」

ということになっているのです。

つまり、国が地方に交付した交付税の中に生活保護費も含まれていることになっており、生活保護費だけを別途支給しているわけではないのです。

地方交付税は、自治体にとって重要な財源です。その財源の中から支給しなければならないので生活保護費が増えれば、地方自治体の財政は圧迫されることになるのです。

つまり、生活保護費の4分の1は、実質的に自治体が負担することになっているのです。

「国が4分の3を負担しているのであれば、ほとんど国が負担しているじゃないか」と思う人もいるかもしれません。

しかし国と地方自治体（市区町村）では財政規模がまったく違います。地方自治体は国の何百分の一、何千分の一の財政規模しかないのです。だから、4分の1の負担と言っても相当に重いのです。

しかも生活保護関連費は、本来なら国の業務であり、国が全額負担しなければならないものなのです。それを「地方交付税の中で支払っている」という詭弁《きべん》を用いて、自治体に負担させているのです。

完璧な悪のスキーム

だから地方自治体としては、なるべく生活保護を受け入れないということになるのです。特に財政事情の苦しい、もしくは生活保護者の多い自治体は、その傾向が強くなります。餓死者を何名も出している悪名高き北九州市などは、まさにこの典型でした。

かつて北九州市は旧炭鉱地を抱え、貧困者が非常に多かったのです。しかも市の財政は火の車です。だから市の職員は、生活保護に関して組織的にブレーキをかけられていたと思われます。

「新規の受け付けは極力避ける、そして現在の生活保護者も、なるべく辞退させるように働きかける」

市の職員は、組織的にそういう指示を受けていました。それは北九州市に限らず、全国の財政が苦しい自治体では同様だったのです。

それが、たびたび餓死者が出てしまう原因なのです。

そもそも国が生活保護費を別建てて全額支給していれば、生活保護が受給できずに餓死

財務省の悪のスキーム

本来、国が担うべき生活保護を地方自治体に委託する

↓

生活保護費の４分の１を実質的に自治体に負担させる

↓

各自治体は自分の負担を減らすために生活保護を強引に絞る

↓

その結果、国の負担すべき生活保護を大幅に削減

↓

問題が生じても叩かれるのは各自治体。財務省には矛先が向かない

するような事態は絶対に起こらないはずなのです。

しかし財務省は、生活保護費の一部を実質的に自治体に負担させることにより、生活保護の支給率を下げているのです。

つまりは生活保護費の4分の1を自治体に負担させることで自治体の蛇口を閉めさせ、生活保護全体の支給額を減らそうというわけです。

しかも何か問題が起きたとき、叩かれるのは自治体の役所なのです。人権保護団体なども、自治体を叩くことはあっても財務省を叩くことはありません。

まさに完璧な悪のスキームなのです。

自分の手は汚さずに、困窮者を殺しているのです。悪魔に魂を売ったものじゃないとできな

い所業だといえます。

財務省の悪知恵ポイント
世間が気づかないところで悪の仕組みをつくれ

先進国ではあり得ないほど低い生活保護予算

日本では、「生活保護受給者が急増していること」や「不正受給」の報道ばかりがされるので、日本の生活保護費は高すぎると思っている人が多いようです。

しかし前述したように、日本の生活保護への財政支出は先進国ではあり得ないくらい安いのです。

日本の生活保護費は、社会保障費のうちの10%にも満たないのです。GDP比では0・3%であり、先進国の中では断トツに少なく、あの自己責任の国アメリカの1割程度なのです。

この事実は、「日本は生活保護の必要が少ない豊かな国」だからではもちろんありません。日本では生活保護の必要がある人でも、なかなか生活保護を受けることができない、

「日本は生活保護が非常に受けにくい」ということなのです。

日本の場合、生活保護の必要な人の20～30%程度しか、生活保護を受けていないとされています。生活保護基準以下で暮らしている人たちのうちで、実際に生活保護を受けている人がどのくらいいるかという「生活保護捕捉率」は、日本ではだいたい20%程度とされているのです（「反貧困」湯浅誠著・岩波新書）。

つまり本来は、生活保護を受けるべき状況なのに受けていない人が生活保護受給者の4倍もいるというのです。

しかしイギリス、フランス、ドイツなどの先進国では、要保護世帯の70～80%が生活保護を受けているとされています。

欧米諸国は、国民の権利はきちんと守るのです（少なくとも日本よりは）。生活保護の申請を、市役所の窓口でせき止めるなどということは絶対にあり得ないのです。もしそんなことをすれば、国民から猛反発を受けるのです。

弱い者同士を戦わせる

日本人は真面目な人が多いので、「社会の迷惑にはなりたくない」と言って、生活保護を受けていない人もかなりいます。

財務省は、その日本人の心情につけ込んでいるのです。

昨今、生活保護受給者に対する風当たりが強くなっています。

それは、不正受給のことばかりがたびたび報道されるからです。生活保護を受給しながら贅沢な生活をしていたケースや、生活保護の詐取的な事件もたびたび報じられています。

このため「生活保護受給者イコール不正に利益を得ている人」のようなイメージが広がっているのです。

そしてネットなどで生活保護受給者を攻撃するのは、ワーキング・プアで苦しんでいる人が多いのです。おそらく「自分たちは苦しい中で頑張っているのに、あいつらはズルをしやがって」ということなのでしょう。生活保護を受けずに頑張っている自分より、生活保護を受けている人のほうが楽な生活をしていれば腹も立つでしょう。

しかし、それは財務省の思うツボなのです。

ワーキング・プアの人が生活保護受給者を攻撃することは、貧困者が貧困者を攻撃する図式になります。

民主主義というのは、数の論理で動くものです。貧困者同士が結束すれば、大きな力になり、財務省にとっては大きな脅威になります。

そのため貧困者同士を争わせることによって、その脅威をなくそうというわけです。

具体的にいえば、世論が「生活保護はもらいすぎ」「生活保護受給者にはもっと厳しく」となれば、財務省は、もろ手を挙げて生活保護費の削減に取り組みます。そうなれば生活保護が受けにくくなり、生活保護の質も低下するのです。

実際に昨今では、生活保護費の引き下げが行われています。

しかし生活保護のレベルを下げてしまうと、社会全体の生活レベルが下がってしまうのです。ワーキング・プアで苦しんでいる人が、「もう生活保護を受けよう」という段階になったときに、しっぺ返しを喰らうことになります。

現在、生活保護の支給額が多いように見えるのは、周りに生活保護レベル以下の生活をしている人が多すぎるからです。生活保護受給者がもらい過ぎているのではなく、貧困者が増え過ぎているのです。

財務省は、その不都合な事実をうまく隠ぺいしているわけです。

財務省の悪知恵ポイント
弱者の不満が自分たちに向かわないようにうまく洗脳し弱者同士で戦わせる

自治体の「水際作戦」とは？

財政が苦しい自治体は、なるべく生活保護を支給したくありません。でも本来、生活保護というものは、条件さえ満たしていれば、だれでも受けられるものです。

では、自治体はどうしているのでしょうか？

違法ギリギリ（もしくは違法）の対応をして、生活保護の申請をブロックするのです。

ブロックの方法は、「水際作戦」などと言われています。

「水際作戦」とは、生活保護の申請に訪れた人に対して、

「あなたはまだ働けるでしょう」

「親戚に頼んでみては」

などと言って、申請書を渡さない方法です。またこれらの言葉はまだいいほうで、人格を否定されるようなことを言われることもしばしばあります。

少し古いデータになりますが、申請に訪れた人が実際に申請をする割合は、２００４年の会計検査院の調査では30・６％だったそうです（「社会保障費支出の現状に関する会計検査の結果について」２００６年10月）。つまり申請に訪れても7割の人は、窓口で追い返されているわけです。

そもそも生活保護の申請をしに行くという時点で、その人は相当、困窮しているはずです。そういう人たちの7割をも追い返しているのです。どれだけ非人情的なことをしているのか、という話です。

このデータは20年近く前のものであり、現在は、少しは改善されていると思いたいのですが、受給漏れの現状などから見ると、ほとんど改善はされていないと言えます。

また生活保護のブロックの方法には「硫黄島作戦」というものもあります。硫黄島作戦というのは、いったん生活保護の支給を開始した後、いろいろと難癖をつけて支給を停止させる方法です。太平洋戦争の激戦地だった硫黄島では、アメリカ軍に占領された後、それを奪還する作戦が取られており、そのことから生活保護を後で停止することを硫黄島作戦と呼ばれるようになったようです。

実際に2007年には北九州の小倉で生活保護を受給していた男性が支給停止となり、生活に困窮し、「おにぎりが食べたい」と書き残して餓死するという事件が生じました。

こういう各自治体の生活保護ブロックは、財務省が命じたわけではありません。しかし、財政的にそうならざるを得ない仕組みをつくっているのです。

財務省の悪知恵ポイント

自分は悪事の命令は下さず、現場の者が悪事をせざるを得ない仕組みをつくる

埼玉県深谷市の親子無理心中事件

現在でも、たびたび生活保護に関する悲惨な事件が起きています。

たとえば2015年には、埼玉県深谷市で80代、70代の両親と40代の娘が無理心中を図り、両親だけが死亡してしまうという事件が起きています。

この事件では、40代の娘が生活保護の申請中だったことが明らかになっています。深谷市は事件後に、「数日後に生活保護の支給が決定する予定だった」と弁明していますが、心中事件があった当時は、生活保護支給は知らされていませんでした。そのため、この娘は、生活保護が受給できないものと思い込み、心中を選んだと見られています。

この事件を耳にしたとき、ほとんどの人は胸を痛めたはずです。

「今の日本でこういう悲惨な状況があるのか」

「なぜ彼女らを助けてあげられなかったのか？」

この事件は、日本の老人の貧困化が思った以上に進んでいることと同時に、福祉行政の怠慢を示しているものでもあります。

深谷市は事件後、「自分たちには責任はない」と懸命に弁解しました。

しかし深谷市の弁解には不自然な点が多々あり、つっ込みどころが満載なのです。

取材に対して担当の市職員は「決定まであと3日だったのに何があったのか」という言葉を発しています。この言葉には強い不信感を抱かざるを得ません。

決定するかどうかというのは、当人たちは知らなかったはずです。市が事前に、生活保護を決定するかどうかを教えるわけがないからです。

だから「あと3日で受給が決まっていたのに、なぜ」などと言う言葉は、あまりにとぼけたものです。もし市が言えるとすれば、「あと3日で受給が決まっていたのだから、どうにかして知らせることができなかったのか」という悔やみごとのはずです。

そして市の職員たちは、決して温かい対応をしていないはずです。

当人たちは、生活保護の申請をしたときに職員の態度を見て、「とてもこれでは生活保護などは受けられない」と感じたはずなのです。だからこそ生活保護の受給の正否がわかる前に死を選んだのです。

市の職員は、おそらく「いつまでに知らせる」ということさえ言っていなかったはずです。もし言っていれば、成否がわかるまでは待つはずだからです。

このように生活保護行政というのは非人間的でさえあるのです。

これも煎《せん》じ詰めれば、財務省のせいなのです。それを国民に微塵も感じさせず、自治体の担当者に批判を向けさせる、それが財務省の真骨頂なのです。

財務省の悪知恵ポイント

国民の批判は他の担当者に向かうように仕向ける

新幹線放火事件

また同じ2015年の7月には、生活苦で将来を悲観した70代の男が新幹線の中で石油をまいて火をつけ、乗客1人が死亡、20数人が重軽傷を負い、自らも焼死するという事件が起きました。

この事件の容疑者も生活に困窮し、行政に救いを求めようとしていました。しかし行政は適切な対応をしてくれなかったのです。

容疑者が役所で生活保護の相談をしたかどうかは明らかになっていません。しかし生活保護を受けたいという要望を、地元の区議などに相談していたことがわかっています。もしかしたら容疑者は、役所の窓口で冷たい対応をされたのかもしれません。また生活保護は受給しにくいという噂をどこからか聞いていて、そのためにまず区議に相談したのかもしれません。そして区議が思うような対応をしてくれなかったので、絶望してしまったのでしょう。

この二つの事件とも、行政の手落ちという大前提です。

行政がもっときちんと動いていたら、二つの事件はともに防げたはずです。そして、この行政の手落ちは他人事ではないのです。日本全国いたるところで日夜起きていることなのです。

この行政の手落ちは、徹底的に批判される必要があります。

しかし、これらを煎じ詰めれば、財務省の「自分の手は汚さない策」によるものなのです。

生活保護というのは、国民にとって最後のセーフティーネットのはずです。

国は、このセーフティーネットを最高の責任感を持って守らなければならないはずです。にもかかわらず1000万人ものもらい漏れがあり、挙句、餓死者が出たり、食事をまともにとれない子どもが生じる有様なのです。

財務省キャリア官僚というのは、「人間の感情」をまったく捨て去った人たちなのです。

財務省の悪知恵ポイント

自分の利益のためならば人間の感情は捨て去れ

そして自殺大国となった日本

日本で生活保護が受けにくいことは、自殺率にも表れています。

近年、日本では自殺者が年間2万人を超えています。

次ページの表のように世界的に見ても、日本の自殺率は非常に高くワースト9位です。世界で9番目に自殺率が高いということは、世界で9番目に生きる希望がない国ということです。


この自殺率の上位国は時代によって入れ替わりがありますが、日本はバブル崩壊後は常時、自殺上位国となっています。現在の10位国のうち10年前も10位以内に入っていたのは、日本とベラルーシと韓国とガイアナだけです。

日本は長期間にわたって世界で自殺が多い国といえるのです。

しかし日本は昔から自殺率が高かったわけではありません。

1995年の時点では先進国の中では普通の水準でした。フランスなどは日本よりも高かったのです。

先進主要国の自殺率（人口10万人あたり）

日本	18.5人
アメリカ	13.8人
フランス	13.8人
イギリス	7.5人
ドイツ	12.3人

出典：「世界保健機関資料2018年9月」より厚生労働省作成

自殺死亡率世界ランキング（人口10万人あたり）

1位	リトアニア	28.8
2位	ガイアナ	27.7
3位	韓国	26.5
4位	スリナム	23.7
5位	スロベニア	20.5
6位	ラトビア	19.6
7位	ロドリゲス島	18.9
8位	ウルグアイ	18.7
9位	日本	18.5
10位	ベラルーシ	18.4

出典：「世界保健機関資料2018年9月」より厚生労働省作成

しかし90年代後半から日本の自殺率は急上昇し、他の先進国を大きく引き離すことになりました。一時的には年間3万人を超えることもあったのです。

この当時の日本の自殺率を押し上げたのは、中高年男性の自殺の急増です。90年代後半からリストラが激しくなり、中高年男性の失業が急激に増えたのです。

これは、日本では実質的にリストラされたときの行政の救いがないことが大きく影響していると考えられます。

日本は戦後、バブル期まではほぼ一貫して経済成長を遂げてきました。欧米に比べて伸びしろがあり、しかも中国、韓国などの他のアジア諸国は発展が遅れていたので、世界的に日本経済は有利だったのです。

そのため戦争直後を除いて、失業率が深刻化したこともほとんどありませんでした。

ところが、バブルが崩壊し失業が増えると、日本の社会保障がいかに機能していないかが浮き彫りになってきたのです。

つまり財務省の悪行は、バブル期までは日本の経済成長により誤魔化されていたわけです。しかしバブル期が終わった途端に、日本の社会保障の不備が如実に表れてきたのです。

もちろん、財務省はこのことに責任など一切感じていません。自分たちの利益のためならば、社会がどうなっても構わないのです。

財務省の悪知恵ポイント
社会がどうなろうと責任など感じるな

第6章

税務署員の騙しの手口

あなたも税務署に騙されているかも

これまでは、財務省がどうやってうまく国民を騙して金をせびりとっているかをご紹介してきました。財務省は巧みな広報をし、こっそり法律をいじくり、国民が気づかないうちに負担を増やさせてきました。

しかも財務省の「騙し」は、そういう制度的な面ばかりではありません。

実際の税の徴収の現場でも、財務省の騙しのテクニックは駆使されているのです。

財務省の実戦部隊として国税庁があります。国税庁というのは、国税を徴収する機関であり、全国に税務署を張り巡らせています。

税務署は、納税者から日々税金を取り立てています。

その作業の中で巧妙に国民を騙して税金を徴収しているのです。

税務署というのは、建前上は「円滑な税務行政を行う」ことを目的にしていますが、本質的にはどれだけ多くの税金を取るか、ということを目的にしています。

税務署というところは、所得税、法人税、消費税などの国税の申告を受けつけ、納税を管理する機関です。

なので主な仕事は、申告が正確に行われているかどうか、納税がきちんとされているかどうかを監視することです。

そして納税者の申告が正しいかどうかをチェックする「税務調査」を行います。

この税務調査において税務署は巧みに納税者を誘導し、追徴税を払わせるのです。

税務調査というのは、納税者の出した申告書に不審な点があるときに、それを確認するために行われる、というのが表向きの目的となっています。もちろん、それも税務調査の目的の一つではあります。

でも税務調査の本当の目的はそうではありません。

少しでも多くの税金を徴収することなのです。

税務調査の本当の目的は、「ノルマを達成すること」「追徴税を稼ぐこと」です。

国税当局は正式に認めていませんが、国税局（税務署も含む）の調査官には事実上のノルマがあります。

「年間に何件調査しなければならない」

「年間にいくら以上、追徴税を稼がなくてはならない」

というものです。

税務署の調査官というのは、追徴税をどれだけ稼ぐかで仕事が評価されます。だから必然的に追徴税を取ることが目的とされるのです。

私が税務署員だったころは、各人の調査実績（追徴税の額など）を表にして職員全員に回覧していました。

よく保険の営業所などで営業社員たちの契約獲得者数が棒グラフにされていたりしますが、あれと同じようなものです。

だから税務調査は、「追徴税を稼ぐ」という方向で進められていると思って、間違いないのです。そして、そのために調査官たちは違法スレスレの行為をしたりするのです。

言ってみれば税務署の調査官というのは、ノルマを課せられた営業マンと同じなのです。いやが上でも、税金を取り立てる技術が発達するわけなのです。

筆者自身も税務署の調査官だったときは、納税者を騙すようにして追徴税を稼いでいました。税務署の中では、「税金をたくさん取って来る奴が偉い」という価値観が支配していて、税務署員たちはすっかりその価値観に染まってしまっているのです。筆者が、この価値観がおかしいと気づいたのは、税務署を辞めてからでした。

税務署というと、経営者や自営業者しか関係がないと思われがちです。しかし普通のサラリーマンも大いに関係があります。普通のサラリーマンでも副業をしていたり、家を買ったり、医療費が大きかったりしたときには、税務署への申告が必要になります。

そして税務署に申告をすれば当然、税務調査の対象となります。

また昨今では、相続税の課税最低額が引き下げられたために、一般家庭でも持ち家などのちょっとした資産があれば、相続税が課せられるようになってしまいました。

なので経営者、自営業者だけじゃなく、一般のサラリーマンにとっても税務署の騙しの手口というのは、大いに関係があるものなのです。

この章では、そういう調査官たちの騙しの手口を公開したいと思います。

国民の〝お上への意識〟をうまく利用する

税務署員は、税金を取り立てるとき、「国民の誤解」をうまく利用します。

国民は、税務署というものを多々誤解しています。その誤解の中には、税務署にとって都合のいいものもたくさんあります。そういう誤解はあえて解かないでおいて、利用するのです。その最たる例が「違法スレスレの税務調査」です。

税務署員というと、国家公務員です。国のつくった法律を熟知し、それを厳正に守ると思われがちです。


しかし、実際はそうではありません。

法を犯すスレスレのことをやったり、時には明らかに法を侵しているときもあります。

たとえば昔の税務調査でよくあったことですが、次のようなケースです。

調査官が勝手に調査先の事務所の中をガサゴソと探ります。納税者が「そこは触らないでください」と言っても平気でガサゴソを続けたりします。

これは実は違法なことなのです。

税務調査というと、税務署が有無を言わさず市民の持ち物を洗いざらい調べていくイメージがありますが、本来は決してそうではありません。

税務調査で洗いざらい調べることができるのは、裁判所の許可をとった強制調査だけなのです。

強制調査というのは、国税局査察部、通称マルサが行う調査のことです。脱税額が1億円以上見込まれ、非常に悪質な方法で課税逃れをしているケースだけに行われるもので、年間200件程度しかありません。

マルサ以外の税務調査は、すべて納税者の同意のもとで行われる任意調査です。納税者の事務所、持ち物を調べるときも、必ず納税者に「見ていいですか？」と聞いて、納税者が承諾しないとならないのです。

勝手に触ったりするのは、NGなのです。

でも昔の税務署の調査官は、そんなのをお構いなしにガサゴソやっておりました。

普通の人は税務署が違法なことをするわけはないと思っているので、税務署の調査官が有無を言わさず持ち物を調べようとするなら、「これは正当な税務調査なのだろう」と思ってしまいます。

その心理を利用して、本来ならば違法な調査を続けてきたのです。

最近は市民やマスコミの目も厳しくなったので、あからさまにはやらなくなっているようですが、でもまだまったくなくなったわけではないようです。

財務省の悪知恵ポイント
市民の無知につけこむ

紳士的にウソをつく

最近の調査官は、とても紳士的になっています。

マスコミの発達などで税務署といえども、やりたい放題はできなくなったのです。下手なことをすれば、録画されてネットに流されたりしますからね。

昔の調査官はひどかったです。

納税者宅に行くなり、「税金をちゃんと払え」と大声で怒鳴りつけて、帳簿も見ないで追徴税をしぼり取ってくるような人もいました。

それに比べれば、今の調査官は優しいものです。大声をあげる人などほとんどいません。

しかし調査官の態度が優しくなったと言っても、騙されてはいけません。

彼らの本質は「少しでも追徴税が欲しい」のです。ついこの間も、税務署時代の後輩と会いましたが、税務署内では今も追徴税のノルマがあり、調査官はみなノルマに追われているとのことです。むしろ昔よりももっと、ノルマは厳しくなっているようです。

態度が優しくなっても彼らの目的は変わっていないのだから、油断はできません。

税金というのは、グレーゾーンがたくさんあります。グレーゾーンでもめたとき、調査官は、うまく口車に乗せようとしてきます。

たとえば、あなたが仕事関係の友人とゴルフに行ったとき、それが接待交際費になるかどうかというのは微妙なところです。仕事に全然関係ないことはないので、納税者が接待交際費に計上しているのであれば認めなくてはなりません。税務署は、それが明らかに誤っているという証拠を見つけたときに否認できるのです。

調査官はもちろん、そんな証拠などはつかめません。

すると、どうするか？

やんわりとした口調で、言いくるめにかかるのです。

「こういういい加減な経理をしていたら、あなたの会社の将来のためによくないと思うのですよ」

こういうことを言います。

しかし、調査官がなぜこんなことを言うのかというと、否認する証拠がつかめない、でも相手を説得しなければ追徴税が取れない、そういうことなのです。つまり証拠がないから自白に頼ろうというわけです。

こんな口車に乗ってはなりません。

あなたが接待交際費と思って計上したのであれば、それは原則として認められるべきなのです。調査官が、それを否認するだけの材料を持っていないのであれば、絶対に否認できないのです。

調査官の言い草に、後ろめたい気持ちなどを持ってはなりません。彼らは社会正義でもなんでもない、ただのノルマに追われている税金取りに過ぎないのですから。

財務省の悪知恵ポイント
ソフトな態度で不当に厳しい要求をする

「税務署は正しい」という国民の誤解を利用する

日本人というのは、指導者などにとても従順な民族です。昔から政治家やお役人にあまりタテついたりしてきませんでした。政権を倒すための市民による武力革命って、起こったことがありませんからね。

日本人は、お役人は間違ったことを言わない、お役人の言うことは聞かなくてはならないと思っている節があります。

特に税務署の調査官などは税金のプロなので、彼らの言うことには必ず従わなくてはならないと思っている人もいます。

調査官はその心理を上手に利用して、追徴税を稼ごうとします。

前項で述べましたが、税務の世界では、グレーなものがたくさんあります。課税になるかならないか、経費として認められるか認められないか、明確な線引きがされていないものが多いのです。また個別の事情によって、線引きは変わってくることもあります。つまり税務には微妙なものが多いのです。

そういう微妙なものに関して裁定を下すのは、実は調査官ではないのです。法律的に言えば、納税者が自分で判断していいのです。そして調査官は、明らかに間違っているものだけを修正できるのです。

調査官がグレーゾーンに関して「これはＯＫ」「これはダメ」などと判断する権利はないのです。しかし調査官は、あたかもその権利を握っているかのように納税者にふるまいます。

たとえば、よくあるケースで、こんなものがあります。

とある会社で、ゴルフ代を会社の経費で認めるかどうかで調査官が追及しています。

「社長！　このゴルフ代はだれと行ったんですか」

と調査官が社長に聞きました。

「以前から取引のあるYさんと行きました」

社長が答えます。すると調査官はこう聞き返しました。

「Yさんとは今も取引があるんですか？」

「最近はあまりないです」

それを聞いた調査官は、こう言いました。

「Yさんは取引先じゃなくて、普通の友人でしょう？　友人と一緒にゴルフに行ったんでしょう？　これは会社の経費とは認められませんね」

こういうやりとりって、税務調査の中では普通にあります。でも、これは明らかに法的にはおかしいのです。

というのも交際費（会社の経費）に該当するかどうかの判断を、調査官がする権利などはないのです。

交際費などというのは、非常に線引きが難しいものです。どこからが会社の交際費でどこからがプライベートの費用なのかは、なかなか判別がつきません。

その場合、まず納税者の申告が尊重されるのです。そして、それが明らかに誤りであるというときに調査官は否認することができるのです。このケースだと、明らかに誤りがあるとはいえません。

もし納税者が異議申し立てをしたり、行政裁判を起こせば、税務署は負けるでしょう。

調査官が、「これは友人と行ったものなので、会社の経費ではおかしいのではないですか?」と社長に問いかけ、社長がそれに納得すれば、否認することもできます。でも、あたかも最初から調査官に判断できる権利があるかのごとく「これはダメです」

これは
ダメです
法的には納税者の
申告が尊重されなければ
いけない
税務調査官
納税者

などということはできないのです。

財務省の悪知恵ポイント
人の誤解を上手に利用する

一つ不正を見つければ最大限に拡大解釈する

調査官の手口の一つに、一個だけ矛盾点を見つけ、そこから全体を突き崩すという方法があります。

これは簡単にいえば、申告書や経理に一つでも間違いがあれば、「一つ間違いがあるということは、他にも間違っているでしょう?」と徹底的に突っ込んで証拠もないのに、多くの追徴税を巻き上げるというものです。

筆者も調査官時代、この方法で多額の追徴税を稼いだことがあります。

たとえば、筆者の税務調査でこういうことがありました。

調査先は、一般家庭の家屋の修理業を営んでいるK社という業者です。K社は小さな業者ですが、帳簿類は完備しており、領収書もきちんと残されています。

だから帳簿類から決算書、申告書までの流れは完璧です。一見したところ絶対に申告漏れなどはありません。

しかし、このK社、利益に比べて預金などの資産が多いのです。なんらかの方法で脱税をしていることが考えられました。

K社の仕事の状況を調べていくと、明らかに仕事をしているのに代金の請求がされていないものが一つ見つかりました。当然、売上にも計上されていません。

私はそれを経営者に追及しました。

「これは何の仕事ですか」

「ああ、それは下水が詰まったのを取ってあげたんです」

「代金はどうされましたか？」

「えっと、現金でもらったと思います」

「その分は売上に計上されていませんね」

「そ、そうですか、すみません。その分は計上します」

しかしここで調査官は、ただ一個だけの売上計上漏れで済ませたりはしません。というより、税務調査での交渉はここから始まるのです。

私「一つ計上漏れがあるということは、経理処理が完全ではないということですよね？」
経営者「まあ、そういうことになりますね」
私「売上はほとんどが売掛金となっていますが、この件のように現金で回収したものもたくさんあるんじゃないですか？」
経営者「……」
私「今、わかった分の10倍以上は、あるはずですよね？」
結局、K社は、発覚した売上計上漏れの10倍を計上漏れしていたということになってしまったのです。
このときK社は、私の口車に乗るべきではなかったと言えましょう。あくまで、「ミスをしたのは発覚した一点だけで、他は間違いないはず」そういう主張を貫き通すべきだったのです。
K社がその主張を貫き通せば、私は新たに証拠を見つけない限り売上計上漏れを拡大することなどはできなかったのです。

財務省の悪知恵ポイント

一点の非を見つけ、そこを徹底的に衝く

追徴税の総額を言わずに判を押させる

調査官が納税者を騙す手口として追徴税の総額を言わずに、とにかく修正申告書を出させてしまうものがあります。

たとえば、次のようなケース。

水道工事業のHさん。税務調査で交際費の一部を役員賞与にするように求められました。Hさんとしては、あまり納得のいく話ではありませんでした。

「追徴税は30万円だけですよ」

この調査官の言葉を信じ、「30万円で済むなら、ここでもめて税務調査が長引くのも嫌だし」ということで修正申告に応じることにしました。

しかし調査官の言った「追徴税30万円」というのは、法人税だけの話だったのです。Hさんの役員賞与への追徴税、会社の事業税、住民税などを合計すると60万円近くになったのです。

会社の税金には、法人税のほかに事業税、住民税などがかかってきます。また会社の経費を否認され役員報酬に計上させられた場合には、その役員の所得税、住民税も追徴されます。調査官は、そのことには触れずに法人税の金額だけをHさんに言って説得したのです。

本体価格だけを非常に低く提示して契約を済ませ、後からオプション料として莫大な請求をする悪徳セールスマンと、やり方はまったく同じです。調査官としては、非常によくやる手口です。

だから追徴税を決める際には、法人事業税、住民税、社長の所得税、住民税なども含めていくらになるかを調査官からはっきり聞くようにしましょう。

財務省の悪知恵ポイント

当初は本体費用だけを見せ、付随費用は後から請求する

本当は納税者側に「潔白証明」の義務はない

調査官は納税者の無知につけこんで、追徴税を認めさせようとすることも多々あります。

調査官が課税漏れなどを指摘しようとするとき、明確な証拠がない場合があります。つまり白か黒かはっきりしないケースです。その場合、納税者としては自分の潔白を自分で証明しなければならないような気持ちになってしまいます。

しかし税法上、納税者は自分の潔白を証明する必要はないのです。

日本の税制では申告納税制度という建前をとっています。これは「税金は納税者が自分で申告して自分で納める」というものです。税務当局は、申告に明らかな誤りがあったときにのみ是正できるのです。

だから申告で不審な点があった場合、納税者は「それが潔白だ」という証明はしなくていいのです。もし不審点を否認するのなら、税務当局側（つまり税務署）に「それが黒だ」と証明する必要があるのです。

にもかかわらず調査官はさも納税者側に、無実の証明義務があるかのようにふるまいます。

たとえば、私の調査官時代にこういうことがありました。

機械製造業者のK社を税務調査したときのことです。K社ではとある経営コンサルタントにコンサルタント料として50万円払っていました。しかし、この経営コンサルタントは、そのとき所在不明となっていました。K社の経営者は、確かにコンサルタント料を払ったと言っていましたが、振込ではなく現金払いだったので確認のしようがありませんでした。

そこで私はK社に対して、「経営コンサルタント料が適正に払われたかどうか（相手がちゃんと受け取ったかどうか）証明してほしい。証明できないなら、追徴する」と言いました。K社は、それを証明できず、追徴課税をされる羽目になってしまいました。

今、考えればひどいことをしたものです。

K社には、適正に支払った証明をする義務などはなかったのです。私が「K社が計上しているコンサルタント料は架空である」という証明をしなければ、追徴課税はできなかったはずなのです。

しかしK社の経営者は、すっかり自分に義務

納税者の誤りでなければ課税されない権利

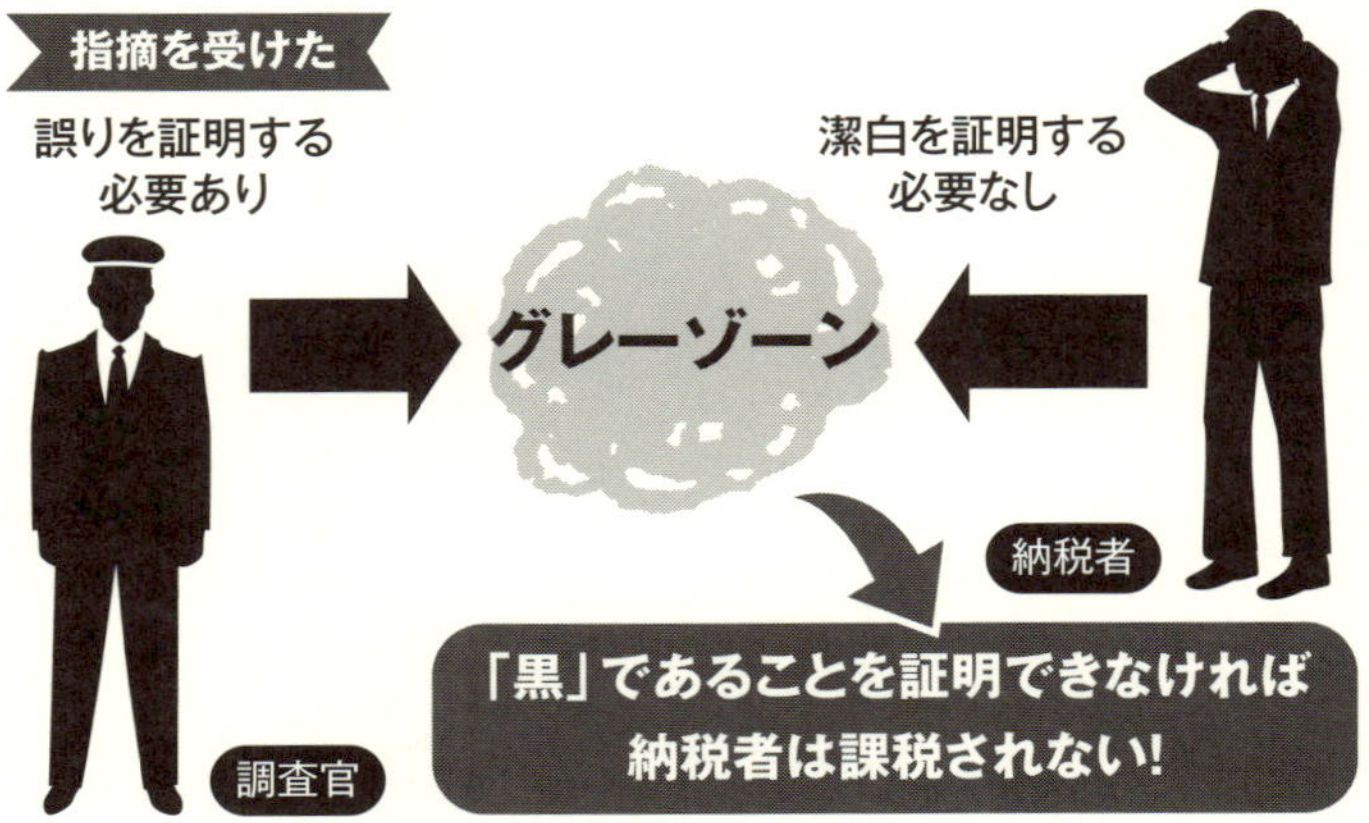

があるとばかり思い込んで、私の罠にかかったわけなのです。
このように、調査官は納税者の無知につけこもうとするので注意を要します。

財務省の悪知恵ポイント
都合の悪い情報は徹底的に隠す

証拠もないのに追徴税を上乗せしようとする

調査官の騙しの手口として、「個別の正否を論じるのではなく、全体の数値を見て否認しようとする」というものがあります。
これはどういうことかというと、一個一個の経理処理の誤りを指摘するのではなく、「全体的におかしい」と言って否認しようとするのです。これは、「あなたはこんな悪いことをしてますよ」と指摘するのではなく、「あなたは何か全体的に悪い人でしょう」と文句をつけることです。このような否認の方法は、税法的には絶対に認められていないことです。だから最近の調査官はあまりやっていないようですが、昔の調査官はよくやっていました。また今でも、この手法を使う調査官はけっこういます。

具体的にその手法を紹介しましょう。

まず、よくありがちなケースでこういうものがあります。確定申告の申告相談で、ある自営業者が決算書を持ってきて、申告書の作成を相談しにきたときのことです。

決算書を見れば利益が非常に少なく、所得税の納税額はゼロになります。それを見た調査官は、決算書の間違いを指摘するのではなく「少しくらい税金を納めましょうよ」と言って決算書を書き換えさせ、利益が出ているようにし、若干の納税をさせたのです。

またこんなケースもあります。

年間で50万円のゴルフ代を交際費として計上していた会社がありました。調査官は、ゴルフ代の一つ一つ正しいかどうかチェックするのではなく、「年間50万円は少し多過ぎるので、半分くらいにしておきましょうか」と言ってきたのです。

こういう否認は税法的に明らかにおかしいのですが、その場にいる納税者は、なんとなく騙されてしまうのです。

一つ一つに関して正しいかどうかチェックされれば、すべて正しいといえるのだけれど、「全体的に少し多過ぎるんじゃないですか」と言われれば、妙に納得したりしてしまうものなのです。

税務の原則から言うならば、ゴルフ代が多いとか少ないとかは問題ではなく、一つ一つのゴルフ代が接待交際費として妥当であれば認められるし、そうでなければ認められないだけです。

くれぐれも調査官の手に乗らないようにしましょう。

調査官の騙しの奥義「始末書」

調査官の騙しの手口の中で、もっとも汚いのは「始末書」といえるでしょう。

始末書というのは、何か不祥事をしでかしたときに、監督的、上司的な立場の人に出す反省文のようなものです。

税務署の調査官は、この始末書というものを非常にずる賢く使います。

会社が脱税まがいのことをしていたときに、調査官は「始末書を出してください」と言います。そして会社は「深く反省していますので、穏便にお願いします」ということを書いて税務署に提出するのです。

たとえば、次のような感じです。

「この売上計上漏れは、うっかりミスではなく、わざとやったんでしょう?」
と調査官が納税者を問い詰めます。納税者はまともに言い返せません。そして調査官は「こういうケースは、税務署としては厳しく対処しているところですが、ここは穏便に済ませてあげますので始末書を書いてください」

それを聞いた納税者は、始末書を書けば加算税が軽くなるとでも思い、調査官に言われたとおりの文言で始末書を書いてしまうのです。

しかし、この始末書が非常にクセモノなのです。というのは、会社は始末書を書いても得にはならない、むしろ大きな損になります。

つまり始末書を出したからと言って、税務署が穏便に済ましてくれることはありません。それよりも始末書を出したことによって、「自分が悪かった」と認めたことになり、重加算税を課せられる羽目になってしまうのです。

調査官が始末書を要求するケースというのは、実は「不正かどうか明確な物証に乏しい場合」なのです。

重加算税を課すときというのは、納税者側に明確な不正があったときだけです。しかし不正かどうかというのは、はっきりしないことが多いものです。そのため調査官は、納税者側に始末書を書かせることで「不正の意図があった」という証明にするのです。

つまり、この始末書のために、納税者は重加算税を課せられるはめになってしまうのです。

税務署の調査官というのは、税務調査で重加算税を取ることがもっとも大きい手柄です。だから、なるべく重加算税を取ろうとして明確な不正ではないものでも始末書を出させて、不正の扱いにしてしまうのです。

この巧妙なトリックは税務署の常套手段であり、官庁の常套手段でもあります。日本の官庁では、よく「一筆書いてください」などということを行います。それはどんな処分をしても、あとで市民に文句を言わせないためなのです。

くれぐれも始末書を書いたら、穏便に済ませてもらえるなどと思わないことです。また税務署が「始末書を書け」と言ってきたときは、税務署のほうが分が悪いときだということを覚えておきましょう。

財務省の悪知恵ポイント

親切心に見せかけて詐取する

「調査が長引きますよ」と脅す

調査官は、税務調査でもめたり、会社側が指摘事項に反発したりすると、「調査が長引きますよ」と脅しをかけてきます。

調査が長引けば、会社としては大きなダメージを被ります。時間もとられますし、精神的な負担も大きい。調査の期間は、大事な取引などなかなかできにくいものです。

だから会社としては、調査官の脅しに屈してしまいがちです。

しかし、それは得策ではありません。

というのも、「調査が長引きますよ」というセリフは、単なる脅しに過ぎないからです。

前述したように、調査官にはノルマがあります。

税務調査というのは、だいたい1週間に一件終わらせないとなりません。それは調査の準備や報告書の作成、銀行調査や反面調査などすべて含めての日数です。ということは、会社に臨場できるのはせいぜい二日か三日です。三日となるとけっこうきついスケジュールになるので、たいていの場合は二日で終わらせます。

二日も会社で調査を行ったなら調査官は、もうそれほど会社を訪れる時間はありません。重大な脱税が見つかったのならまだしも、単なる課税漏れでは、そうそう調査の時間を取れるものではないのです。

つまり調査が長引いて困るのは、調査官のほうなのです。

指摘事項や修正申告の内容が確定しないままになると、調査はなかなか終了できず、調査官の予定は狂ってしまいます。だから「調査が長引きますよ」と言われたとしても、動じる必要はないのです。

稀に本当に嫌がらせで調査を長引かせる調査官もいます。もしその場合は、「必要もないのに調査を長引かせている」として正式に税務署に抗議しましょう。

「修正申告」には罠が仕掛けられている

税務調査で申告漏れなどがあった場合、納税者は修正申告書を出すことになります。

この修正申告というのも、実はくせものなのです。

修正申告というのは、納税者が税務調査で指摘を受けて「前の申告は誤りがあったので修正します」と自発的に申告するものです。

これって、よく考えたらおかしいと思いません？

もし税務調査で明らかな誤りが見つかったなら、納税者に自発的に修正させなくても、税務署自身が追徴税を課せればいいことでしょう？

なのに、なぜ納税者に自発的に修正させるかというと……。

後で、文句を言わせないためなのです。

税務調査での指摘事項というのは、実はあいまいなものが多いのです。税法に照らし合わせて、「明らかに間違っている」ようなことは少ないのです。「何かおかしいけど、法律上は微妙」というものが多いのです。

もしそういう指摘事項を、税務署が強制的に追徴課税などをしてしまうと、納税者が反発し訴訟になったときに覆されたりするのです。

そこで、納税者と同意の上で、納税者が自発的に申告を修正したという形を取りたがるのです。

だから、もし税務調査の結果に納得がいかなければ出さないという選択肢もあるのです。

税務署の指摘に納得がいかない場合は、「納得できない」と税務署に伝え、「修正申告は提出しない」ということもできるのです。

財務省の悪知恵ポイント　相手に不利なシステムをこっそりつくる

納税者が納得いかなければ修正申告は出さなくてもいい

前項では、修正申告を出さないということもできると述べましたが、そのことについてもう少し詳しく説明しましょう。

税務調査では、調査官は修正申告を素早く出してくれるように求めてきます。それは、相手によく考えさせないためなのです。前述したように調査官は、ノルマに追われ時間に追われているので、早く終わらせたいのは調査官のほうなのです。

税務調査においては修正申告をどうするかが、もっとも大事なことです。会社にとっては追徴税がいくらになるかという肝の事項です。

このとき調査官の指摘に納得がいかなければ、決して簡単に引き下がってはいけません。

必ずしも税務調査の期間内に修正申告の内容を決めなくてもいいのです。多少長引いても、自分が納得のいく形で修正申告は出したいものです。

だから本当に納得がいかない場合は、修正申告を出さないという方法もアリなのです。

そして「修正申告を出さない」という態度を見せることは、交渉の上でも効果がありま す。

もし納税者が修正申告を出さなかった場合、調査官は税務署に持ち帰って、更正をするかどうか検討します。更正というのは、「あなたの申告は間違っていたので、これだけの追徴税を払いなさい」と税務署が強制的に言ってくることです。

強制的に言ってくるということは、税務署としては絶対に間違いの許されないことになります。逆にいえば曖昧なもの、グレーゾーンのものなどは、なかなか更正はできないのです。

もし調査官が指摘内容に自信がなければ、指摘事項を変更したり、追徴税額を減額してくることもあります。「税金を負けるから、早く修正申告を出してくれ」ということです。

だから納得がいかないのに、言われるままに修正申告を出すのは非常に損なのです。

追徴税は交渉次第で額が少なくなる

税務調査で、もっとも大事なことは最終的に追徴税を決めることです。

経営者にぜひ知っておいていただきたいのは、税金は交渉次第で変わることです。何度も言いますが、税法にはあいまいなものもたくさんあり、明確に「この人は幾らになる」とわかるケースは少ないのです。

だから税務署が提示した額をすんなり受け入れるのは、あまり賢いことではありません。

「そんなに払えません」

「それは納得いきません」

などと言って、いったんは保留してみるべきでしょう。

粘ることで追徴税が低くなったりすることもあるのです。

もちろん、明らかな申告誤りなのに粘っても仕方がありませんし、長引いて税務署を本気で怒らせれば、かえって損することもあります。そのあたりは、状況をうまく見極めて臨機応変に対応したいものです。

自分に非があるかどうか、専門家に意見を聞いてみるなどをし、あまり非がないのであれば頑張って粘る、あくまで柔軟に交渉したいものです。

大人しそうな相手からはとことん税金をふんだくる

調査官というのは、非常にずる賢い人種です。

追徴税は取りたい、けれども面倒に巻き込まれるのも嫌。税務調査というのは、金に関することであり、調査官と納税者の間でトラブルが起こることもしばしばあります。調査官は、なるべくそういうのは避けようとします。

となると、怖い人、うるさい人に対しては、遠慮勝ちに調査をすることになるのです。

その一方で、相手が大人しく言うことを聞くと見るや、厳しい税務調査をします。どんどん無茶な要求をしていくようになり、店の中だけではなく、家の中まで入り込もうとしたり、開店したのに居座ったりすることもあります。

だから言いたいことははっきり言わないと、払わなくていい税金を払わされる羽目になってしまうのです。

財務省の悪知恵ポイント

人のいい人からは取れるだけ取る

修正申告を出さなかった場合

前項では、「修正申告を出さない」という態度を見せれば、調査官は態度を軟化することもあると述べましたが、では実際に、修正申告を出さなかった場合どうなるかをここでご紹介したいと思います。

税務調査で納税者が修正申告を出さなかった場合、原則として税務署は「更正」を行います。

更正というのは、税務署から「あなたはこれだけの税金を納める必要があるので納めなさい」ということを行政命令として出すことです。更正をするということは、税務署としては、その指摘事項に自信がある（税法に照らし合わせて明確に課税漏れになっている）のです。

しかし、それも絶対ではありません。税務署が更正をしても、後にそれが覆ったりすることもままあるのです。

だから、もし更正処分にも納得がいかなければ、納税者は税務署に異議申し立てをすることができます。更正の通知を受けた日の翌日から3か月以内に、税務署長に対して文書で異議申し立てを行う旨を通知するのです。

異議申し立てが行われた場合は、税務署自身がまず更正の内容を見直して妥当かどうかの判断をし、あらためて処分を決定します。その処分にも納得がいかなければ、国税不服審判所に審査請求することができます。これは税務署長からの通知が来た日の翌日から1か月以内に行わなければなりません。

国税不服審判所の審査では、処分の20％近くが覆されています。税務署が自信を持って行った更正が5件に1件は覆されているということなのです。税金の世界というものが、いかに曖昧で明確な線引きができないかということが、これでおわかりになると思います。

また国税不服審判所の審査では、元に受けた処分よりも重い処分が下ることはありません。元の処分が軽くなるか、最悪でも同じという結果にしかならないのです。つまり納税者が異議申し立てをして損はないのです。

この国税不服審判所の大きな特徴に、「通達に束縛されない」というものがあります。行政庁というのは、行政上の法律を補足するために「通達」を出します。既存の法律では

更正の結果に不服がある場合

納税者は、更正の結果に不服がある場合、税務署長に対して「再調査の請求」をしたり、国税不服審判所長に対して「審査請求」することができる。

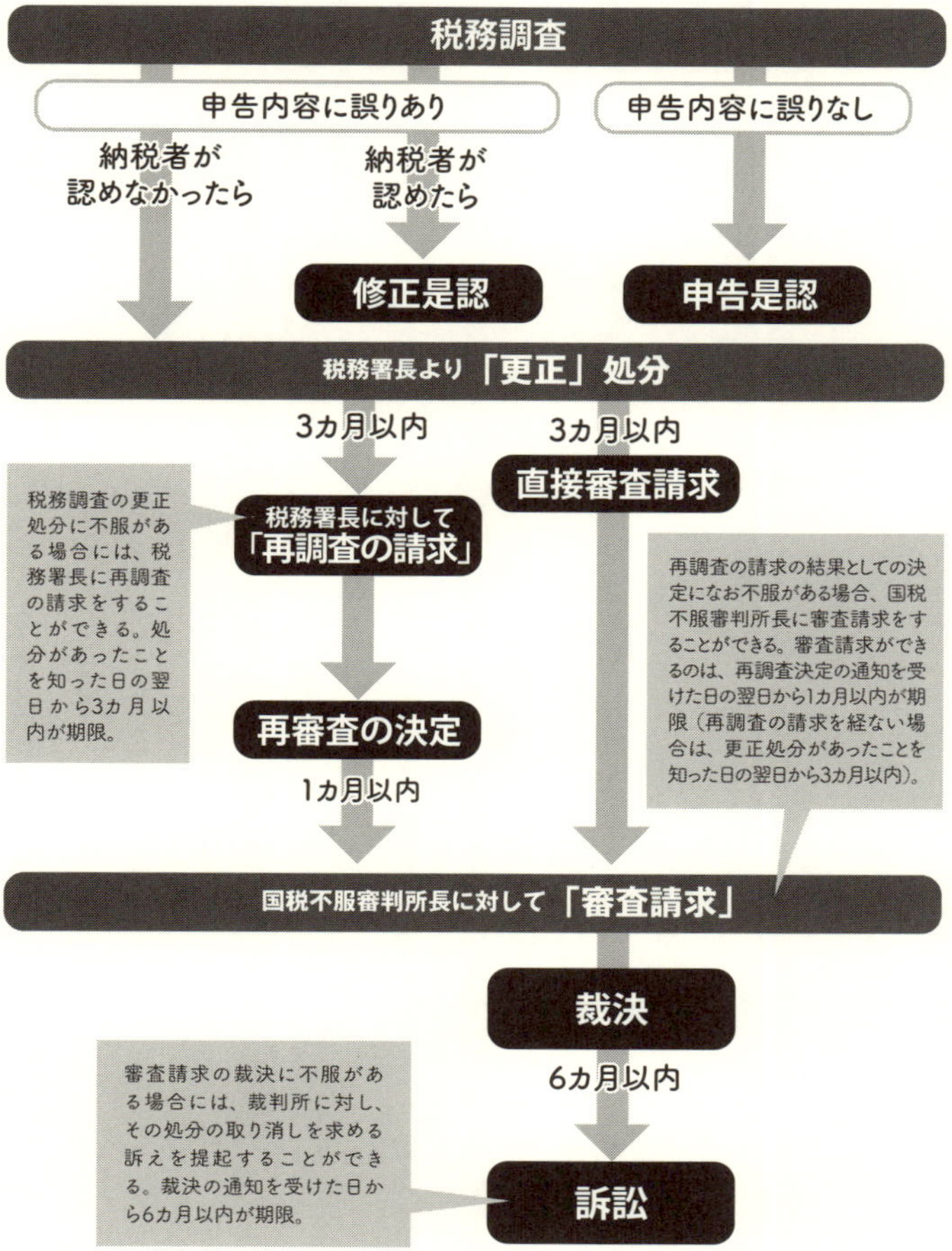

すべての行政活動を網羅することはできないので、それを補完するために通達というものを出すのです。役人はみなこの通達に従って仕事をします。税務署の調査官もそうです。でも通達というのは、役所の中の指示書であって法律ではありません。もしかしたら通達が違法になっていることもあるのです。

国税不服審判所は通達には縛られず、法律だけを元にして税務を判断します。だから税務署の判断が覆るケースが多いのです。

国税不服審判所の判断でも納税者が同意しなければ、行政裁判となります。

国税不服審判所の判断が裁判で覆ったケースもあるので、もし本当に納得がいかないのなら、裁判を起こすのも選択肢として有効だといえます。

ただし、いずれの場合も追徴税は最初に払っておいたほうがいいでしょう。というのも、裁判で負けてから追徴税を払うと、14・6%という高率の延滞税を取られるのです。だから裁判が長引けば、追徴税が雪だるま式に膨れ上がることになります。

裁判で税務署の処分が覆った場合には、あらかじめ払った追徴税は利子をつけて返還されます。

第7章

情報弱者にならないために

情報弱者はどんな世界でも損をする

これまで述べてきたように日本では中間層以下の人たち、特にサラリーマンに対して増税につぐ増税がされており、世界でもっとも税をしぼり取られている層になっています。

一体なぜ、こんなことになっているのでしょうか？

もちろん、財務省の悪知恵が一番の原因であることは間違いありません。

ただ、原因はそれだけではなく、我々日本人の気質にも原因があると思われます。

日本人の多くは、政治家や官僚にある程度の不満を持ちながら、

「なんやかんや言っても国のためにやってくれている」

「なんやかんや言っても彼らがどうにかしてくれるはず」

という、妙な信頼感というか依存心を持っています。

ところが民主主義というのは、国民が権力を監視しチェックすることで成り立っているシステムです。政治家や役人のすることに目を光らせ、おかしいことがあれば指摘したり、糾弾しなければなりません。日本人の多くはそれをやっていません。

そのことが、政治家や役人を助長させてしまうことになったのです。

現在の官僚システムは、普通に考えて「国が良くなるはずがない」という欠陥だらけのシステムです。

20歳そこそこのときに受けた学力試験の成績が良かっただけの人たちの集まりである「財務省キャリア官僚」が、国家の中枢のあらゆる権限を握り、しかも彼らの生涯収入の多くは大企業が負担しているのです。こんなシステムでは、国民のための社会がつくれるはずがないのです。

それにもかかわらず、この異常な財務官僚中心主義の国家システムに対して、多くの国民は何の関心も持ってきませんでした。そのため財務省キャリア官僚の連中は、ますます増長し、権力や利権を拡大し続けたのです。

情報弱者となって搾取されないためには、我々はもっと国の仕組みのことを知らなければなりません。

そして、「なんやかんや言っても上の人たちは社会のことをちゃんとやってくれるはず」という、根拠のない信頼を捨てるべきです。

聖人君子など、この世にはいないのです。官庁を動かしているのは人間なのです。

異常な官僚システムの中では、異常な官僚しか育ちませんし、異常な行政しか行われないのです。我々は国のシステムに異常があれば「それはおかしい」と指摘をしなければならないのです。

そのためには、我々は常に国のシステムが今どうなっているのかを知っておかなければなりません。

財務省の悪知恵ポイント

「なんやかんや言っても上の人はちゃんとやってくれる」という根拠のない思い込みを捨てる
民主主義は国民が権力を監視してナンボ

国民は財務官僚からなめられている

また財務省から国民がむしり取られている要因の一つとして、日本人が税に疎いことが挙げられると筆者は思います。

欧米はそうではありません。

たとえばフランスでは2018年に、燃料税の増税に反対して30万人近くの人が参加して抗議活動が行われました。この抗議活動によりフランス政府は増税の延期を余儀なくされました。

今の日本ではなかなか考えられない出来事です。


日本人、特にサラリーマンは税金に本当に疎いです。

でもサラリーマンは数字に疎いというわけではありません。

非常に複雑な数値を使った仕事をしている人もたくさんいらっしゃいますし、決算書を読める人もたくさんいます。

また会社の経理担当者には、会計などの数字に非常に詳しい人もおられます。

しかし、しかし、こと税金に関しては本当に知らないのです。

筆者は仕事がらビジネス誌の記者などとお話しする機会が時々あります。ところが彼らの中にも、「家を買ったら税金が安くなるんですか?」などと、とぼけたことをおっしゃることがあります。

税金は、経済のかなり中心部分にある分野だと思われます。国家の歳出歳入というのは、どんな大企業の経済活動よりも、国の経済に大きな影響を及ぼします。その経済の中心アイテムについて記者があまり知らないというのは、ちょっとびっくりしました。

ちなみに現在、日本では住宅ローン控除という税制度があります。ローンを組んで家を買えば、住宅ローン控除が受けられるので税金が安くなるのです。

おそらく日本人の多くは、会社から税金が源泉徴収されていて、税金のことは自分で考える必要がないから、まったく考えていないのだろうと思われます。

日本人は自分の税金の計算を自分でしたことがない人がほとんどです。だから自分がいくら税金を取られているのかについてもほとんど知らないようです。

これが自営業者とか、会社経営者ならば、まったく違います。

自営業者は、自分で得た利益の中から税金を払わなければなりません。自分で決算書をつくり、税務申告をします。税理士にお願いすることがあっても税務申告の内容はしっかり知っています。

「せっかく稼いだ金を税金で取られるのは嫌」

彼らはそういう意識の元に、あらゆる手を尽くします。

だから必然的に彼らは税金に詳しくなります。

前述したように為政者の間では、昔から「税金は取りやすいところから取れ」ということが言われてきました。

税金というのは国民が一番嫌がるもの、偽政者にとって、いかにして税金を取るかというのは永遠のテーマでもあります。

そういう中、税金を取りやすいところが見つかれば、そこから集中的に取れという考え方が生まれたのです。この考え方を用いた場合、サラリーマンはまさに絶好のターゲットだといえます。

税金に疎く、ちょっと増税したくらいでは気づかない。だからサラリーマンは何度も何度も増税を食らわせられているのです。

財務省の悪知恵ポイント

税金を知らない者は重い税を背負わされる

サラリーマンも節税をしてみよう

日本人が、財務省から金をだまし取られない方法としては、まずは税金について知ることが重要です。

でも何から知ればいいのかわからない、という人がほとんどだと思われます。

そういう人は、まず節税について研究したらどうでしょう?

節税についての研究は、自分の利益に直結するので探求心がわくはずです。そして節税について知ろうと思えば、必然的に税金の仕組みを知ることになります。

税金の仕組みについて知れば、財務省の悪知恵などにも気づくことができるようになるのです。

サラリーマンは、税金などのことはすべて会社がやってくれるものと思い込んでいる人が多いようです。

でも、それは大きな間違いです。

会社は最低限度のことしかやってくれないのです。

サラリーマンでも使える節税方法はけっこうあるのに、会社がやってくれるのは、そのうちのほんの一部だけなのです。それ以外の節税をしようと思ったら、自分で動くしかないのです。

そもそも会社がなぜ社員の税金の計算までやってくれるのかというと、税法でそれが決まっているからなのです。

所得税法では、事業者は従業員の給料の税金を計算し、徴収しなくてはならないことになっています。

つまり会社はお代官のようなものです。

税務署の代わりに、税務署の指示どおりに社員から税金を取り立てているだけなのです。税務署としては、これほど優秀なお代官はいないと言えます。給料を払っている会社が計算し天引きするので、過少申告などもありません。

だから源泉徴収における徴税コスト（税金を取るための費用）も非常に安いのです。所得税の80％以上は源泉徴収で納められているのに、税務署の源泉徴収担当者は所得税担当者の1割程度しかいません。

国にとって、これほど便利な税金はないといえるでしょう。

とにもかくにも会社は税務署の代わりとして、本来はしなくてもいい社員の税金計算をしているわけです。当然のことながら、決められた最低限のことしかしてくれません。

会社が社員に対して、「あなたはこうすれば、もっと税金が安くなりますよ」などと助言をしてくれることもありません。たまに親切な経理の人が教えてくれることはあるかもしれませんが、原則、そんな余計なことはしないはずです。

なので節税しようと思えば、自分でやるしかないのです。

財務省の悪知恵ポイント
情報弱者にならないためにはまずは税を知ること

ふるさと納税制度という究極の節税術

そしてサラリーマンが節税をする際に、今もっとも手っ取り早いのは「ふるさと納税」です。ふるさと納税をしている方も多いと思われますが、まだまだしていない人のほうが多いようです。

「ふるさと納税制度」というのは、自分が好きな自治体に寄付をすれば、その分所得税、住民税が安くなるという制度です。

具体的に言えば、自治体に寄付をすれば、所得税、住民税などが寄付金からマイナス2000円した額が還ってくるという制度です。たとえば、3万円寄付した場合、そのマイナス2000円、つまり2万8000円が還ってくるのです。

都会の人に自分のふるさとに寄付をしてもらい、地方の財政を充実させようという趣旨で、このふるさと納税制度は始められました。

でも、このふるさと納税制度は、自分のふるさとに限らず、自分の好きな自治体に寄付をしてもいいのです。だから震災の被災地などに寄付をしてもいいわけです。

この〝ふるさと納税制度〟、実はうまく使えば、非常に「実質的節税」になるのです。

「寄付した額から、2000円差し引いた額が戻ってくるんだったら、2000円マイナスじゃないか、節税にはならないじゃないか」

と思う人もいるでしょう。

が実は、ふるさと納税制度には裏メリットがあるのです。

ふるさと納税制度を利用して、自治体に寄付をした場合、自治体側が御礼として、特産物などの返礼品を贈ってくれるのです。この返礼品は、寄付した額の2割～3割程度です。

だから3万円寄付したとすると、6000円～9000円相当の返礼品がもらえるのです。

となると、もう一回、計算し直してみてください。

繰り返しますが、ふるさと納税制度では、寄付金マイナス2000円の税金が還ってきます。だから実質的な寄付金額は2000円です。

つまり、3万円を寄付すれば実質的に2000円の負担で、6000円～9000円の返礼品がもらえるというわけです。

もちろん、寄付金をもっと増やせば、もっと多くの返礼品がもらえます。

しかも各自治体がさまざまな特産品を用意し

ふるさと納税制度の利用例

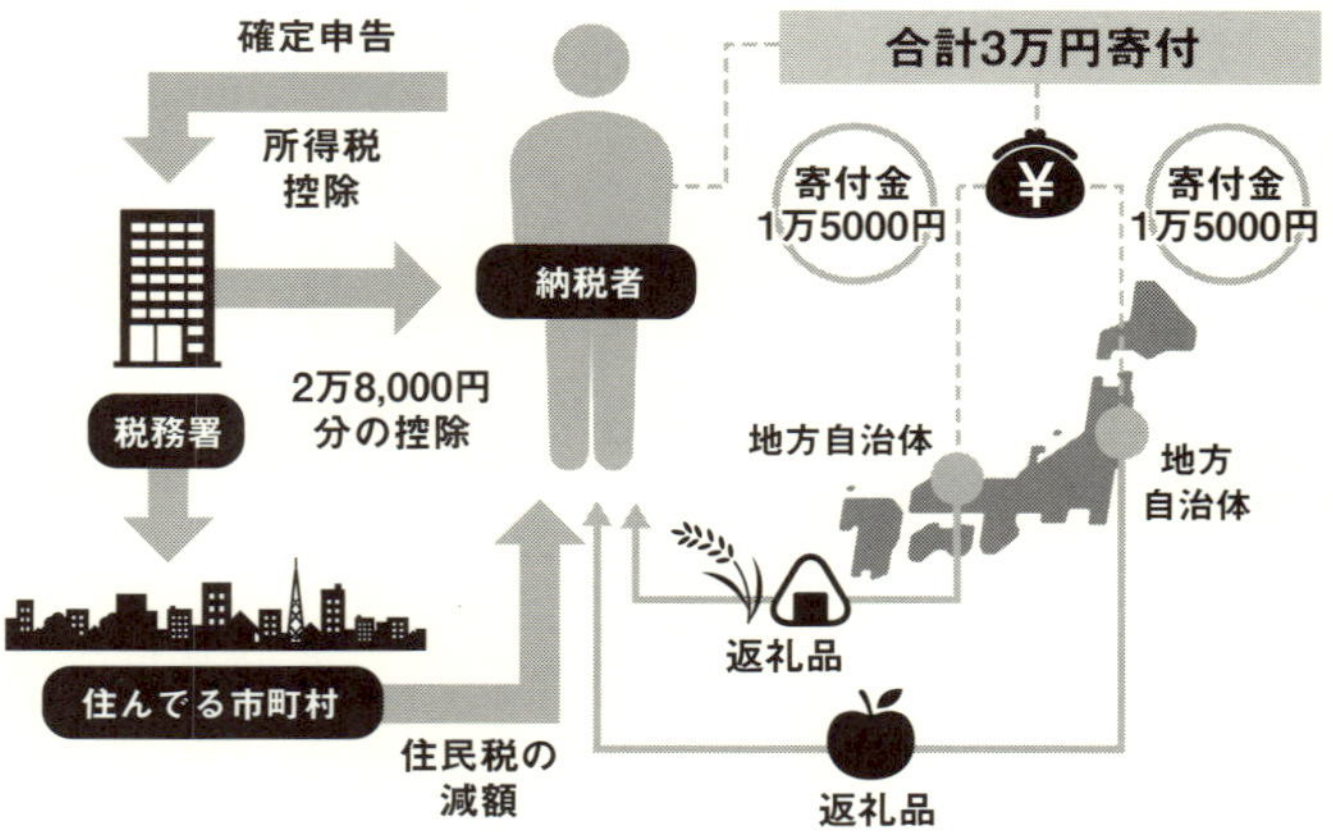

ています。肉、魚、米、野菜、地酒、うどん、ジャムなどの食料品から温泉の入浴券、レストランの食事券など、誰もが何かしら欲しいものが用意されています。

自治体のホームページなどを見れば、詳細がわかります。

また最近では、ふるさと納税の特産品を集めたサイトも多々あります。そういうサイトを見ながら、自治体に寄付をすればいいのです。

ただし、ふるさと納税には限度額があり、限度額を超えると寄付金が還付されなくなるために、ただの寄附になってしまいます。だから自分の限度額はあらかじめ確認しておく必要があります。限度額の計算方法などは、ふるさと納税の各サイトなどを参考にしてください。

このふるさと納税制度を使っている人は、まだまだ少数です。

令和４（２０２２）年では８９１万人程度であり、サラリーマンの20％程度です。８割のサラリーマンはまだこの制度を使っていないのです。

財務省の悪知恵ポイント

ふるさと納税はしないと損

医療費控除を使い倒せ！

「ふるさと納税」の次にサラリーマンが手っ取り早く節税できる方法として、「医療費控除」があります。

医療費控除という言葉を聞いたことがある人も多いでしょう。

年末のビジネス誌などで時々、特集されたりしていますからね。

「医療費控除って、やってみたいけれど、どうやればいいのかわからない」

という人も多いでしょう。

そういう人は、ぜひこの機会にチャレンジしてみてください。

医療費控除は、対象範囲が広いのでだれにでも簡単にできるものなのです。そして医療費控除はほとんどが、少額であっても税金還付になるのです。

サラリーマンが「税金が還付されるとはどういうことか」と体感するには、うってつけのアイテムと言えます。

医療費控除は簡単に言えば、年間10万円以上か所得の5％以上の医療費を支払っていれば、若干の税金が戻ってくるという制度です。

そして医療費の領収書さえ残しておけば、だれでも医療費控除の申告をすることができます。だから、やろうと思えば、今日からでもできるのです。

「俺は病院なんてめったに行かない。だから医療費控除なんて関係ない」

と思った人もいるでしょう。

でも医療費控除というのは、病院に支払ったお金だけが対象ではないのです。病院での治療費、入院費のみならず、通院での交通費、薬屋さんで買った市販薬、場合によってはビタミン剤、栄養ドリンク、あん摩、マッサージなども含まれるのです。また昨今、はやりの禁煙治療、ＥＤ治療などの費用も医療費控除の対象になるのです。

そういうものを全部足したら、だいたいだれでも年間10万円以上くらいにはなるでしょう？

財務省の悪知恵ポイント 医療費控除を覚えよう

市販薬、栄養ドリンク、サプリも医療費控除の対象になる

病院に行かない人でも市販薬というのは、けっこう購入しているものです。風邪薬、目薬、湿布など、健康な人でも何かしら購入しているものでしょう？

この市販薬を控除として申告できれば、医療費控除の範囲はグンと広がるはずです。でも市販薬の場合、医療費控除の対象となるケースとならないケースがあります。その違いは何なのかというと、簡単に言えば「治療に関するものかどうか」ということです。「治療に関するもの」とは、怪我や病気をしたり、体の具合が悪かったりして、それを「治す」ために買ったものであれば、医療費控除の対象となるのです。医者の処方のない市販薬でも大丈夫です。

一方、「治療に関するもの」でないものというのは、予防のためや予備の置き薬として買ったものなのです。つまり具体的な病気、怪我の症状があって、それを治すために買ったものであればＯＫ、そうじゃない場合はダメということです。

でも予防か治療かというのは、曖昧な部分でもあります。

たとえば、ちょっと風邪気味だなあ、薬でも飲んでおくかと思って市販薬を購入した場合。これは予防なのか、治療なのか、判別は難しいところです。

こういうときは、どう判断すればいいのでしょうか？

有体に言えば、自分が「治療だと思えば治療」ですし、「予防だと思えば予防」となるのです。

日本の税制では、「申告納税制度」というシステムを採用しています。これは、税金は納税者が自分で申告し、自分で納める制度です。この申告納税制度のもとでは、納税者が申告した内容については、明らかな間違いがなければ、申告をそのまま認めることになっています。

だから医療費控除の場合も、本人が治療のためと思って購入した市販薬については、税務当局が「それは治療ではなく予防のためのものだ」と証明できない限りは、治療のために購入したとして認められるのです。

もちろん、これは治療か予防か、曖昧なものに限られます。明らかに予防のために購入したと客観的にわかるものを「これは治療のために買った」と言い張っても、それは通りませんので、ご注意ください。

また、一定の条件をクリアすれば、栄養ドリンク、サプリなども医療費控除の対象になります。

栄養ドリンク、サプリなどを医療費控除に含めるための一定の条件というのは、次の二つです。

- **何かの体の不具合症状を改善するためのものであること**
- **医薬品であること**

つまりは、体がどこも悪くないけれど、とりあえず飲んでおこうというレベルのビタミン剤、栄養ドリンクはダメだということです。

どこか具合が悪いところがあって、それを改善するために飲むのがまず原則です。ただし、これには医者の処方せんなどは必要ありません。

まあ、ビタミン剤や栄養ドリンクを飲むときは、体がどこか悪いときですからね。だからビタミン剤や栄養ドリンクもかなりの範囲で、医療費控除の対象になるということです。

医療費控除の対象となりうるもの

マッサージ代

マッサージ、鍼灸も、「なんらかの体の不具合症状を改善するためのものであること」、「公的な資格を持つ整体師、鍼灸師などの施術であること」という条件を満たしていれば、医療費控除が受けられます。

ビタミン剤・栄養ドリンク

ビタミン剤や栄養ドリンクも、「なんらかの体の不具合症状を改善するためのもの」、「医薬品であること」という条件を満たしていれば、医療費控除の対象となります。

市販薬

市販薬である、風邪薬、目薬、湿布などは日常的に買っているのではないでしょうか。これらも医療控除の対象となります。この市販薬の分を加算すれば医療費控除の範囲は広がります。

歯の矯正

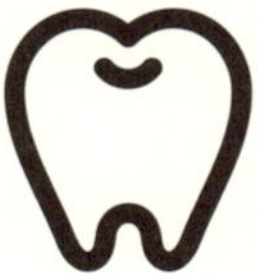

あまり知られていませんが、「子供の歯の矯正」費用は医療費控除の対象になります。医療費控除は原則として病気やケガを治す医療費にしか認められていませんが、子供（未成年）の歯の矯正に限っては、医療費控除の対象となります。

交通費、タクシー代

病院や薬局に行くまでの交通費も対象となります。ただし、合理的な方法で交通機関を利用した場合です。平たく言えば、普通の経路で電車やバスを利用すれば医療控除の対象となります。また病院までタクシーを使うときも、病状により緊急を要する場合が多いので、医療控除に算入していいと言えます。

ED治療、禁煙治療

最近は、病院でED治療と禁煙治療をした場合、その治療にかかった費用も、医療費控除の対象となっています。東京国税局に確認済みのことです。そのため、治療をする人は忘れずに医療費控除を申告するようにしてください。

気をつけなくてはならないのが、ビタミン剤や栄養ドリンクは、医薬品じゃなくてはならないということです。ビタミン剤や栄養ドリンクも多々ありますが、医薬品になっていないものは対象とならないのです。ビタミン剤や栄養ドリンクを買う際には、医薬品かどうかをチェックしておくのがいいかもしれません。

こういう「国民の役に立つ情報」というのは、財務省側から積極的に発信することはありません。我々は、役に立つ情報は自分で取りにいかなければならないのです。

財務省の悪知恵ポイント

ビタミン剤や栄養ドリンクでも医療費控除の対象になることもある
有益な情報は自分で取りにいかないといけない

あん摩、マッサージ、鍼灸も医療費控除の対象になる！

これも、あまり知られていませんが、あん摩、マッサージ、鍼灸《しんきゅう》などの代金も一定の条件を満たせば、医療費控除の対象になります。

最近では、パソコンのデスクワークの人も多く、眼精疲労などであん摩、マッサージなどを利用するケースも増えているようです。マッサージ店などは最近、非常に増加していますからね。

　でもあん摩とかマッサージってけっこうお金がかかりますよね。だいたい10分で千円と言われているので、1時間マッサージをしてもらえば6000円くらいになるわけです。

　これが、もし医療費控除の対象になれば、サラリーマンにとっては非常にありがたいわけです。

　ただし、あん摩、マッサージ、鍼灸などを医療費控除とするには次の二つの条件を満たしておかなければなりません。

・何かの体の不具合症状を改善するための

一定の要件を満たせば「温泉に入って節税」も可能に！

確定申告までの流れ

かかりつけの医師／提携医療機関	●温泉療養指示書の交付
↓	
指定温泉療養施設／提携医療機関	●温泉療養の実施 ●領収書・温泉療養証明書 ●助言・経過観察等
↓	
かかりつけの医師／提携医療機関	●温泉療養証明書の ●終了証明
↓	
税務署	●所得税の申告 （利用料金領収書・温泉療養証明書の提出）

ものであること

・公的な資格などを持つ整体師、鍼灸師などの施術であること

これも栄養ドリンクなどと同じように「体がどこも悪くないけれど、とりあえずマッサージしてもらおう」というレベルではダメだということです。どこか具合が悪いところがあって、それを改善するために施術を受けるのが原則です。

またどこの店でもいいというわけではなく、ちゃんと公的な資格を持った整体師、鍼灸師などの施術じゃないとダメです。公的な資格を持った整体師、鍼灸師などの店かどうかは、事前にホームページなどで確認しておきましょう。

財務省の悪知恵ポイント

あん摩、マッサージも一定の条件を満たしていれば医療費控除の対象になる

財務省キャリア官僚に一泡吹かせる方法

これまで財務省キャリア官僚たちがいかに巧妙に国民を騙して金をしぼり取ってきたかをご紹介してきました。

ここまで読んでこられた人の中には、

「財務省キャリア官僚に一泡吹かせたい」

「こんな悪い奴らが日本を牛耳っているのは許せない」

と思った方も多いでしょう。

なので本書の最後で財務省キャリア官僚たちに一泡吹かせるための方法をご紹介したいと思います。

財務省キャリア官僚というのは、本当にたちの悪い奴らです。政党や政治家であれば、失政をして国民の信頼を失えば、選挙で落選させられます。しかし財務省キャリア官僚たちは、いくら失政をしたところで国民から不信を突きつけられることがありません。

財務省キャリア官僚の人事権は政治家が握っているはずなのに、もし与党の政治家が財務省キャリア官僚に厳しい対応をしようものなら、彼らは国会答弁などにまったく協力しなくなります。与党の政治家たちは財務省キャリア官僚抜きには、国会運営はできないので、必然的に財務省キャリア官僚に強くは言えないのです。

このように鉄壁の防御をしているように見える財務省キャリア官僚たちにも、実は弱点があります。

それは「個人攻撃に弱い」ということです。

財務省キャリア官僚というのは、「財務省」という大きな看板を隠れミノにしてきました。そして政治家のように個人個人が国民から責任を問われることがありません。彼らがやりたい放題やってきたのは、財務省という大きな看板に守られている上、個人個人が責任を負わなくて済んできたからです。

逆に言えば、財務省キャリア官僚は個人として国民から責任を問われた経験があまりないので、個人として責任を問われることに弱いのです。つまりは個人攻撃に弱いということです。

もちろん、むやみやたらに個人攻撃をすれば、名誉棄損《きそん》や侮辱罪に問われます。しかし、公務員などの公僕は一般人と違って、「公共の福祉」のためであれば国民の批判を受忍しなければなりません。公務員個人の仕事ぶりや、天下りなどに関するものであれば、公人として国民の批判を受忍しなければならないのです。つまり仕事などに関することであれば、個人攻撃をしてもいいのです。

財務省キャリア官僚の一人一人の経歴や仕事内容を調べ、それを批判することは国民に許されているのです。現在のSNSやネットなどを使えば、一般の人でも世間に広く訴えることができます。財務省キャリア官僚個人の悪行を、一般の人が世間に訴えることもできるのです。

財務省キャリア官僚個人の悪行を世間に訴えるといっても、どういうふうにすればいいかわからないという人も多いでしょう。

なので以前、私が国税庁長官に充てた批判の文書と、最近の財務事務次官（財務省官僚のトップ）の天下り先のリストを掲載しますので、参考にしてください。

住沢整国税庁長官殿

私は元国税局職員で、現在はフリーライターをしている大村大次郎と申します。

このたびは、国税庁長官就任おめでとうございます。

東京大学からキャリア官僚として大蔵省に入省し、同期のライバルたちとの競争に勝ち抜き、ようやく手に入れた国税庁長官のポスト、さぞやお喜びのことと思います。

しかし、あなたが入省してから現在までの30数年間、日本の国民にとっては「失われた時代」です。世界最悪レベルでの少子高齢化、先進国最悪の貧富の格差、自殺の激増等々、日本は急激に衰退しています。イーロン・マスク氏の危惧するように、消滅の危機とさえ言える状態になっています。

財務省は、予算権だけではなく、徴税権も持ち、さらに経済のカナメである金融を監督する権利も持つという世界的にも稀有な強大な国家権力組織です。

この30数年の日本の衰退に関して、財務省は大きな責任を負っているはずです。

住沢国税庁長官はいかがお考えでしょうか？

どうやってこの責任を取るおつもりでしょうか？

あなたは国税庁長官にまで上り詰めたのですから、財務省の業務に大きく関与したことは間違いないはずです。財務省の失態について、あなたは責任を取る必要があると思われます。

あなたの今回の国税庁長官への栄転は、日本国民を犠牲にし、若者の未来を奪うことで得られたものなのです。

世界的にも巨額な国家予算を使っていながら、途上国並みのインフラしか整備されておらず世界最悪の災害国家。深刻な少子高齢化でありながら子育てへの財政支出はヨーロッパ諸国の半分しかない。富裕層や大企業の負担はどんどん軽くなり、その代わり国民全体に重い重い負担を押し付けてきた。

あなたたちの行った悪行は数知れません。

そして、あなたたちの悪行の象徴が「消費税」ではありませんか？

財務省は事実上、予算権、徴税権、金融監督権までも持つという、民主国家では類を見ないような巨大な権力を持つ省庁です。その財務省は、わずか数百人のキャリア官僚によって支配されています。こんな異常な官僚システムの国はほかにありません。そして当然のごとく、わずか数百人の財務省キャリア官僚は、大企業の天下りなどの大きな権益を握っています。絵にかいたような「国家腐敗の構図」です。

住沢国税庁長官、この「国家腐敗の構図」こそ日本が衰退している最大の原因だと思いませんか？

あなたたちは、自分たちの天下り先を確保するために、大企業や富裕層を優遇し、一般国民に大きな負担を押し付けてきました。その最たるものが消費税です。

国税庁長官としてではなく、ひとりの人間としてあなたの良心に問いたい。


消費税がこのままの状態で存在し続けていいと思いますか？

財務省がこのままの状態で存在し続けていいと思いますか？


このままの税制、このままの官僚システムである限り、日本の衰退は免れません。

でも、これ以上、格差が拡大し、国民生活が疲弊するようになれば国民も黙ってはいませんよ。すでに「どうやら元凶は財務省」という雰囲気はすでに形成されつつあります。

また中央省庁の幹部候補である国家公務員試験の受験者も減り続けています。「中央省庁に未来はない」と、若者からノーを突きつけられつつあるのです。

今後、あなたがたの持つ巨大な権益などさまざまな事実が明らかになるにつれて、国民は徹底的に財務省キャリア官僚を糾弾することになると思います。

その前に自分たちの手で巨大な権益を手放すことを強く強くお勧めします。

大村大次郎

参考資料

歴代財務次官（財務省官僚のトップ）の主な天下り先（一部）

杉本和行	みずほ総合研究所
丹呉泰健	読売新聞、日本たばこ産業
真砂靖	日本テレビ
田中一穂	東京海上日動火災
佐藤慎一	サントリー、サンスター、第一生命
福田淳一	SBI
岡本薫明	読売新聞、日本生命、アクセンチュア（外資系コンサル会社）
太田充	東京海上日動火災、学研
矢野康治	日本生命

おわりに

賢明な読者のみなさんは当然、お気づきだと思いますが、本書は本当に「情報弱者から金を騙し取ること」をテーマとしているわけではありません。

財務省の狡猾《こうかつ》さを糾弾することが裏テーマになっています。

現在、日本は間違いなく衰退に向かっており、その原因を探ると「財務省キャリア官僚」を第一にあげなくてはなりません。

本文で述べたように財務省キャリア官僚というのは、財務省だけじゃなく、国税庁、金融庁、公正取引委員会のトップのポストを占めています。さらに日本銀行や日本郵政にも人事的な影響力を持っています。つまりは国家の歳出、歳入、金融、商取引など国家経済のあらゆる部門の権力を握っているのです。国家衰退の責任は第一に負わなくてはならないはずです。

財務省キャリア官僚たちは、これだけの国家権力を持っていながら、国民のためなど一切考えず、とにかく自分たちの利権を拡大し、守ることだけに注力してきました。

この財務省キャリア官僚の悪行というのは、一人、二人のずる賢い官僚によって行われたものではありません。財務省キャリアという組織自体が長年かけて行ってきたものです。

逆に言えば、キャリア官僚というシステム自体が大きな欠陥を持っていたわけです。

これは冷静に考えれば、だれでもわかるはずです。

キャリア官僚というのは、20歳そこそこのときに受けた試験の成績がよかったというだけで、国家権力の中枢の地位を約束されています。

もし、あなたが大企業のオーナーとして会社の幹部を選択するとき、入社時の成績がよかっただけの者たちに、会社の全権力を委ねるでしょうか？

そんな危なっかしいことは絶対にしないはずです。社会に出たことがある人ならばだれでもわかると思いますが、学力などというのは、人が社会で生きていくための能力のほんの一部でしかありません。

にもかかわらず日本の国家中枢は、若いころの成績がよかっただけの者たちによって動かされているのです。

しかも彼らは、入省した時点で韓国の財閥子弟のような下にも置かない待遇を受けていきます。当然、勘違いするようになります。つまりは、偏った人格が形成されがちな境遇を与えられるのです。

「20歳そこそこのときに学力が優秀だけだった若者たちに、若いころから貴族のような特権待遇を与え、国家権力のすべてを委ねたら、その国はどうなるか？」

という愚かな大実験を、日本はこの数十年行ってきたようなものです。

そして当然予想される結果を出してしまった、それが今の日本の衰退だといえるのです。

しかもこの「財務省キャリア官僚の弊害」というのは、半世紀も前から危惧されてきた問題なのです。「こんな制度で優秀な官僚が育つはずがない」と。

しかし日本という国は、この欠陥だらけの財務省キャリア官僚システムを半世紀以上も改善しようとしませんでした。どこが問題かなどの情報収集もせず、改善策を講じようともせず、不祥事を起こしたときに叩くだけだったのです。

いわば日本全体が財務省キャリア官僚制度に対して「情報弱者」の状態になっていたのです。そのため日本は財務省キャリア官僚たちに、いいように食い物にされてしまったのです。

もうこれ以上、財務省キャリア官僚たちに食い物にされるわけにはいきません。

そのためには、我々はもっと国の政治経済のことを知らなければならないと思います。「なんやかんや言っても上の人はうまくやってくれるよ」という日本人特有の他力本願的な考えは、民主主義という制度では通用しないのです。

民主主義は、国民全体が国家運営に責任を持たなくてはなりません。権力というのは、放置すれば必ず腐敗し増長します。それを防ぐためには、我々が権力者のやることをきちんとチェックしなければならないのです。

そのための一助になりたい、というのが本書の真のテーマです。

最後にビジネス社の唐津隆氏をはじめ、本書の作成に尽力いただいた皆様にこの場をお借りして御礼を申し上げます。

2024年猛暑　著者

大村大次郎 (おおむら・おおじろう)
大阪府出身。元国税調査官。国税局で 10 年間、主に法人税担当調査官として勤務し、退職後、経営コンサルタント、フリーライターとなる。執筆、ラジオ出演、フジテレビ「マルサ‼」の監修など幅広く活躍中。主な著書に『亡国の脱税』『なぜ副業すると税金還付になるのか？』『2024 年法改正対応版相続税を払う奴はバカ！』『金持ちに学ぶ税金の逃れ方』『18 歳からのお金の教科書』（以上、ビジネス社)、『世界で第何位？日本の絶望ランキング集』『あらゆる領収書は経費で落とせる』(以上、中公新書ラクレ)、『会社の税金元国税調査官のウラ技』(技術評論社)、『おひとりさまの老後対策』(小学館新書)、『税務署・税理士は教えてくれない「相続税」超基本』(KADOKAWA) など多数。

財務省に学ぶ
情報弱者から金を騙しとる方法

2024年 10月 1日 第 1 版発行

著 者 大村 大次郎
発行人 唐津 隆
発行所 株式会社ビジネス社
〒162-0805 東京都新宿区矢来町114番地 神楽坂高橋ビル５階
電 話 03(5227)1602（代表)
FAX 03(5227)1603
https://www.business-sha.co.jp

印刷・製本 株式会社光邦
カバーデザイン 中村聡
本文デザイン・DTP 茂呂田剛（エムアンドケイ）
営業担当 山口健志
編集担当 本田朋子

ISBN978-4-8284-2661-7

ビジネス社の本

亡国の脱税

「納税するつもりはございません」

大村大次郎……著

定価1540円（税込）
ISBN978-4-8284-2638-9

日本の政治とカネの大問題！

政治家、宗教法人、開業医、大地主……
税金を払わない奴らの実態とは？
悪用禁止！　よい子はマネしないように

本書の内容

第1章　政治家は税金を払わない
第2章　宗教法人の税金の闇
第3章　税金のブラックボックス「公益法人」
第4章　富裕層の税金の抜け穴
第5章　開業医の超優遇税制
第6章　投資家の税金は先進国でいちばん安い
第7章　海外に逃げる税金
第8章　大地主の税金は6分の1
第9章　大企業の実質税負担は驚くほど安い